発行にあたって

　現在、わが国では経済の再生に向け、さまざまな改革や施策が推し進められており、そこでは経済のプロとしてエコノミストの活躍が必要不可欠とされ、ひいてはその人材の育成がますます重要となっています。

　経済学はきわめて専門性の高い学問であり、現実の経済政策にも活用されています。しかし、かつては経済学を学ぶ者にとって学習した成果を測る目安がなく、その習得度を客観的に評価してほしいという要望が各方面から寄せられていました。これを受け、日本経済学教育協会では主として各大学の経済学部、その他社会科学系学部の学生を対象に、経済学の数理的・理論的な基礎知識の習得程度と実体経済での初歩的な応用能力のレベルを全国規模で判定する経済学検定試験「ＥＲＥ」を2002年3月から、また「ＥＲＥ　ミクロ・マクロ」を2003年10月から実施いたしました。以来、大学の学部や官民を問わず、大学生・社会人に広く活用されてきました。

　開始当初からのマークシート方式による試験は、第37回（2019年12月1日実施）にて終了し、それに替わるものとして2019年5月からＣＢＴ方式（パソコンを使った試験）による「ＥＲＥ　ミクロ・マクロ」試験を実施しています。

　本書は、このＣＢＴ「ＥＲＥ　ミクロ・マクロ」受験者の受験対策として、出題が想定される問題とその解説をまとめた予習用の問題集です。経済学の基本書での学習に加え、本書で、習得した知識ならびに出題の形式やおおよその傾向・難易度を確認し、試験に備えていただきたく存じます。

　本書の有効活用ならびにＣＢＴ試験の受験によって、経済学の知識をより一層深められることを願ってやみません。

経済法令研究会

Contents

ミクロ経済学

Contents

Contents

〈難易度について〉

本書では、学習用の参考として、各問題にＡ～Ｃの難易度を設定しています。

難易度の目安は以下のとおりです。

Ａ：経済学の応用レベル（大学院修士１年生以降の履修範囲）

Ｂ：経済学の基本レベル（学部３～４年生の履修範囲）

Ｃ：経済学の入門レベル（学部１～２年生の履修範囲）

CBT EREミクロ・マクロ 経済学検定試験・実施要項

　「CBT EREミクロ・マクロ 経済学検定試験」は、CBT方式により試験を実施しています。

　CBT方式とは、CBT会場（パソコン設置のテストセンター等）にて、コンピュータを利用して受験する試験方式のことです。全国のCBT会場で、ご都合に合わせた試験日時・会場を選択して受験することができます。

　また、パソコン等の設備のある大学等につきましては、当会が認める「認定委託会場」としてご受験いただく方法もございます（詳細はERE事務局へお問い合わせください）。

■試験申込専用サイト【https://j-testing.jp/Reserve/Certification/Detail/1103】

　（下掲のEREホームページからも申込サイトへリンクしています）

■EREホームページ【https://www.ere.or.jp/】

■実施要項

・出題形式：四答択一式50問（1問10点、500点満点）

・試験時間：90分

・受 験 料：4,400円（消費税込）

・受験資格：特にございません。

・持 込 品：電卓（ただし、スマートフォンでの電卓アプリ、金融計算電卓、関数・メモ機能付きは不可）、顔写真付きの「身分証明書」（個人番号カード（通知カード不可）、運転免許証、パスポート、学生証〈顔写真付き〉、在留カード等）もしくは「本人確認書（身分証明書のない方）」

・結果通知：試験終了後、即時に得点・ランクが表示されます（結果レポートをお渡しします）。

■**出題項目・出題範囲**

| ミクロ経済学 (25問) | 選好と効用、最大化・最小化、需要の変化、異時点間代替、余暇、指数その他、短期企業行動、長期企業行動、利潤最大化、部分均衡、均衡の安定性、余剰分析・その他、一般均衡、厚生、公共財、外部性、独占、寡占・その他、不確実性、情報の非対称性、同時手番ゲーム、展開型ゲーム |

| マクロ経済学 (25問) | 経済統計、消費、投資、労働市場、金融、金融政策手段、財政、IS-LM、AD-AS、国際経済、経済成長、景気循環、インフレーション、経済学説 |

■**お問合せ**：特定非営利活動法人 日本経済学教育協会
    （TEL：03（3267）4819）

CBT EREミクロ・マクロ 経済学検定試験・参考書籍ご案内

　「CBT EREミクロ・マクロ 経済学検定試験」の受験にあたっては、本書で試験問題を解いてもらうことはもとより、わからない分野・項目を関連書籍によりしっかりとした知識を習得していただくことが効果的です。

　本試験の出題範囲にかかる参考書籍を紹介します。

■ミクロ経済学

〈入門レベル〉

『入門ミクロ経済学 第3版』（井堀利宏著／新世社）

　図表を多く使用した非常にわかりやすい入門書である。ミクロ経済学とは何かという導入的な話題に始まり、余剰分析、効用最大化問題、ゲーム理論に至るまで、非常に広範囲の分野を取り扱っている。厚生損失の説明なども、カラーのグラフを用いて非常に丁寧に記載されている。

〈中級レベル〉

『新版ミクロ経済学』（武隈愼一著／新世社）

　消費者の効用最大化問題や企業の費用最小化問題や社会選択理論などについて、より厳密に数学的議論を展開している。内容はコンパクトであるが、双対性アプローチにまで踏み込んで議論がなされている。本書の内容に沿った演習問題の姉妹書もあり、独学しやすい中級テキストといえる。この本の理解には微積分に関する知識が必要となる。

〈上級レベル〉

『Microeconomic Theory』（Andreu Mas-Colell、Michael Dennis Whinston、Jerry R. Green 著／Oxford University Press）

　大学院レベルのミクロ経済学の教科書の決定版といえる本である。選好に関する基礎的議論から始まり、競争均衡の存在証明や、繰り返しゲーム、メカニズムデザインに至るまで、上級レベルのミクロ経済学の内容を大部分カバーしているといえる。読むのには時間がかかるが、その分得るものも多いであろう。演習問題も豊富である。

■マクロ経済学

〈入門レベル〉

『マクロ経済学　第4版』（吉川洋著／岩波書店）

　2色刷りでグラフや図も多く、非常に理解しやすい入門テキストである。コンパクトであるが扱う範囲はGDP統計から資産価格に至るまで豊富である。経済統計も簡潔に紹介してあり、現実のマクロ経済への理解も深まるであろう。他のマクロ経済学の入門書と比べ、景気循環に関する記述が丁寧になされているのも特徴の1つである。

〈中級レベル〉

『マクロ経済学　第2版』（二神孝一、堀敬一著／有斐閣）

　本書は、マクロ経済学モデル、特に動学的なモデルを丁寧に説明する良書である。入門レベルのマクロ経済学のテキストにあるモデルは時間を考慮しない静学的なものが多いが、この本では動学的一般均衡モデルや内生的成長モデルなど、ミクロ経済学的基礎付けを持つ動学モデルを基本から丁寧に説明している。入門書と上級書の橋渡しをする貴重な教科書といえる。

〈上級レベル〉

『上級マクロ経済学［原著第3版］』（デビッド・ローマー著、堀雅博・岩成博夫・南條隆訳／日本評論社）

　海外の経済学系大学院の講義においてテキストとして指定されていることの多い洋書の翻訳版である。消費、投資から経済成長、失業にいたるまで、広範囲のマクロ動学モデルを丁寧に説明している。金融政策分析に関する論文に近年よく用いられるニューケインジアンモデルについても丁寧に解説がなされている。

ミクロ経済学

1．消費者行動

① 無差別曲線と効用関数

無差別曲線

　以下の図は、X財とY財の2財に関する無差別曲線U_1、U_2を描いたものである。U_1よりU_2のほうが効用水準が高いとする。このとき、以下の選択肢の中から妥当なものはどれか。

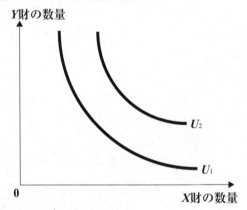

(1)　無差別曲線の接線の傾きにマイナス符号をつけた値は、X財で表したY財の限界代替率を表している。

(2)　無差別曲線上の点では、Y財で表したX財の限界代替率とX財の限界効用をY財の限界効用で割った値が等しくなる。

(3)　無差別曲線U_2より原点に近いU_1のほうが効用水準が低くなっていることは、限界代替率逓減の法則と呼ばれる。

(4)　無差別曲線のU_1とU_2は、基数的効用の考え方に基づいている。

〈難易度：C〉

(1) 限界代替率は、消費者のある財の主観的評価を他の財の数量で表したものである。X財の数量をx、Y財の数量をyとすると、限界代替率は、無差別曲線の接線の傾きの絶対値、または無差別曲線の傾きの値にマイナス符号をつけてプラスに直した$MRS=-\dfrac{\Delta y}{\Delta x}$と定義される。図では、横軸のX財の追加の1単位の主観的評価を縦軸のY財の数量で表したものである。無差別曲線の接線の傾きにマイナス符号をつけた値は、X財で表したY財の限界代替率ではなく、Y財で表したX財の限界代替率である。したがって、(1)は誤りである。

(2) Y財で表したX財の限界代替率をMRS、X財の限界効用をMU_x、Y財の限界効用をMU_yと表すと、無差別曲線上の点では$MRS=\dfrac{MU_x}{MU_y}$が成り立っている。したがって、(2)は正しい。

(3) X財の需要量が増えるにつれて、無差別曲線の接線の傾きの絶対値は小さくなる。このことを限界代替率逓減の法則と呼ぶ。したがって、(3)は誤りである。

(4) 無差別曲線は、U_1とU_2の水準の相違を効用水準の絶対的な相違を表す値とはみなさない序数的効用の考え方に基づいている。したがって、(4)は誤りである。

解 答　(2)

特殊な無差別曲線

　以下の図は、X財とY財の2財に関する無差別曲線U_1、U_2を描いたものである。U_1よりU_2のほうが効用水準が高いものとする。また点Eは効用の飽和点である。また、点A、B、C、Dは無差別曲線U_1上の点である。このとき、以下の選択肢の中から、妥当なものはどれか。

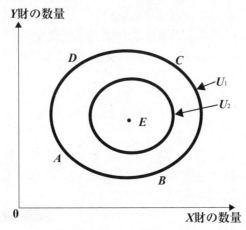

(1)　点Aの近辺では、X財の数量の増加につれて、Y財で表したX財の限界代替率は逓増する。

(2)　点Bの近辺では、X財の消費量が増加すると効用水準は低下する。

(3)　点Cの近辺では、X財とY財の数量がともに増加すると、効用水準が増加する。

(4)　点Dの近辺では、X財は嫌われる財であり、Y財は好まれる財である。

〈難易度：B〉

(1)点AからX財の需要量が増加すると、限界代替率$MRS = -\dfrac{\Delta y}{\Delta x}$は小さくなる。よって、限界代替率は点$A$の近辺では逓減する。したがって、(1)は誤りである。

(3)点Cの近辺では、X財とY財の需要量がともに増加して点Cよりも右

上の状態になると、効用水準が下がる。(3)は誤りである。

(2)(4)右上がりの無差別曲線は、2財が嫌われる財と好まれる財となっている場合の無差別曲線の形状である。点 B では、無差別曲線が次の図1のようになっており、X 財の需要量が増加すると効用水準が下がる。したがって、X 財が嫌われる財で Y 財が好まれる財である。反対に、点 D では無差別曲線が次の図2のようになっており、X 財が好まれる財、Y 財が嫌われる財である。(2)は正しく、(4)は誤りである。

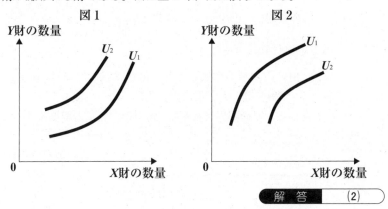

図1

Y財の数量

U_2 U_1

0　　　　　　　　X財の数量

図2

Y財の数量

U_1

U_2

0　　　　　　　　X財の数量

解　答　(2)

限界効用と限界代替率

効用水準を u、X 財の量を x、Y 財の量を y として、ある消費者の効用関数が

$$u = x^{0.4}y^{0.6}$$

と表されるとする。このとき、誤っているものは次のうちどれか。ただし、$x>0$、$y>0$ である。

(1) X 財の限界効用は、$0.4\left(\dfrac{y}{x}\right)^{0.6}$ である。

(2) X 財の限界効用は、$\dfrac{0.4u}{x}$ である。

(3) X 財と Y 財の需要量が増加しても X 財と Y 財の需要量の比が一定であれば、Y 財で表した X 財の限界代替率は一定である。

(4) Y 財で表した X 財の限界代替率は、X 財の消費量の増加に伴って逓増する。

〈難易度：B〉

問題文の効用関数は、コブダグラス型効用関数である。

(1)限界効用は基数的効用に基づく概念である。問題文の効用関数 $u=x^{0.4}y^{0.6}$ を x で偏微分すれば X 財の限界効用、y で偏微分すれば Y 財の限界効用となる。$u=x^{0.4}y^{0.6}$ を x で偏微分すると、

$$\frac{\partial u}{\partial x}=0.4\left(\frac{y}{x}\right)^{0.6}$$

となる。(1)は正しい。

(2)問題文の効用関数に関する X 財の限界効用は、

$$\frac{\partial u}{\partial x}=\frac{0.4x^{0.4}y^{0.6}}{x}$$

と変形できる。$u=x^{0.4}y^{0.6}$ を代入すると、

$$\frac{\partial u}{\partial x}=\frac{0.4u}{x}$$

が得られる。(2)は正しい。

(3)Y 財で表した X 財の限界代替率 MRS は、X 財の限界効用を Y 財の限界効用で割った値と等しい。問題文の効用関数では、Y 財の限界効用は、

$$\frac{\partial u}{\partial y} = 0.6 \left(\frac{x}{y}\right)^{0.4}$$

である。これより、

$$MRS = \left(\frac{\partial u}{\partial x}\right) / \left(\frac{\partial u}{\partial y}\right) = \frac{2}{3} \cdot \frac{y}{x}$$

となる。したがって、問題文の効用関数の場合、X財とY財の需要量が増加しても、X財とY財の需要量の比x/yあるいはy/xが一定ならば、MRSの式の右辺が一定であるので、限界代替率MRSも一定となる。問題文の効用関数$u = x^{0.4}y^{0.6}$はホモセティックな効用関数のひとつである。(3)は正しい。

(4) Y財で表したX財の限界代替率は、X財の消費量が増加すると、限界代替率は逓減する。(4)は誤りである。

解 答　(4)

② 消費者行動理論の基礎

―消費者均衡と需要曲線―

　ある合理的な消費者がX財とY財の2財を消費しているとする。以下の図の曲線UはX財とY財に関する無差別曲線、直線lは予算制約線である。このとき、選択肢の中で誤っているものはどれか。ただし、選択肢(3)(4)の需要曲線の図は、縦軸に価格、横軸に需要量をとったものとする。

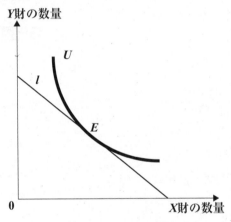

(1)　点Eでは、X財の限界効用をX財の価格で割った値とY財の限界効用をY財の価格で割った値とが等しくなっている。

(2)　点Eでは、Y財で表したX財の限界代替率が、X財の価格をY財の価格で割った値と等しくなっている。

(3)　X財の価格が低下すると、X財の需要量が増加し、X財の通常の需要曲線（マーシャルの需要曲線）は必ず右下がりになる。

(4)　X財の価格が低下すると、X財の需要量が増加し、X財の補償需要曲線（ヒックスの需要曲線）は必ず右下がりになる。

〈難易度：C〉

　(1)(2)は消費者の最適消費（消費者均衡）の条件、(3)(4)は通常の需要曲線

と補償需要曲線に関する内容である。

(1) X財の限界効用を MU_x、X財の価格を p_x、Y財の限界効用を MU_y、Y財の価格を p_y とすると、選択肢の「点 E では X財の限界効用を X財の価格で割った値と Y財の限界効用を Y財の価格で割った値とが等しくなっている」ことは $\dfrac{MU_x}{p_x}=\dfrac{MU_y}{p_y}$ と表すことができる。これは貨幣 1 単位当たりの限界効用均等の法則、あるいはゴッセンの第 2 法則と呼ばれる消費者均衡の条件である。(1)は正しい。

(2) 消費者均衡の条件は、Y財で表した X財の限界効用を MRS とすると、$MRS=\dfrac{p_x}{p_y}$ である。(2)は正しい。

(3) 通常の需要曲線（マーシャルの需要曲線）では、ギッフェン財の場合には需要曲線が右上がりになる。問題文では、所得効果の大きさが不明であるので、ギッフェン財であるかどうかは不明である。(3)は誤りである。

(4) 補償需要曲線（ヒックスの需要曲線）では、無差別曲線に沿って支出最小化する点に対応して需要曲線が描かれる。そのため、問題文の無差別曲線の場合には必ず右下がりになる。(4)は正しい。

解　答　(3)

需要の価格弾力性

ある財の市場需要曲線が以下のように表されている。

市場需要曲線 I：$q = 60 - 2p$

市場需要曲線 II：$q = 10/p$

ここで、q は市場需要量、p はこの財の価格である。このとき以下の選択肢の中で妥当なものはどれか。

(1) 市場需要曲線 I では、需要量が大きいとき、需要の価格弾力性が大きい。

(2) 市場需要曲線 I では、需要量が変化しても、需要の価格弾力性は一定である。

(3) 市場需要曲線 II では、需要量が大きくなると、需要の価格弾力性が大きくなる。

(4) 市場需要曲線 II では、価格が変化しても、消費者の支出金額は一定額となる。

〈難易度：C〉

　線形の市場需要曲線(I)と直角双曲線で表される市場需要曲線(II)の需要の価格弾力性に関する問題である。需要の価格弾力性は、需要量の変化率を価格の変化率で割った値をプラスの値に直したもので、その定義は、需要量を q、財の価格を p、需要の価格弾力性を e とすると、

$$e = -\frac{p}{q} \cdot \frac{\Delta q}{\Delta p}$$

である。市場需要曲線 I は右頁の左の図、II は右の図で表される。

(1)(2)直線の需要曲線の場合には、直線の中点で弾力性1、需要量が大きいとき弾力性は小さくなる。(1)、(2)は誤りである。

(3)直角双曲線の需要曲線の場合、需要の価格弾力性は常に1である。(3)は誤りである。

(4)問題文の市場需要曲線 II の式を変形すると $pq = 10$ となり、左辺 pq は消費者の支出金額を表し、右辺は定数である。したがって、価格と需要量が変化しても消費者の支出金額は一定である。(4)は正しい。

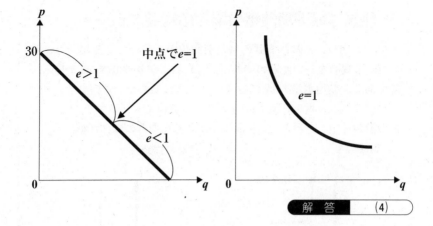

解 答　　(4)

特殊な無差別曲線の場合の需要曲線

　以下の図は、X財とY財の無差別曲線がL字型である場合と、垂直となる場合を描いたものである。また右下がりの直線lは予算制約線である。効用水準UはU_2のほうがU_1よりも高い。このとき、X財の価格をp_x、X財の需要量をq_x、Y財の価格をp_y、予算をMとして需要関数を表した場合、選択肢の中から妥当なものはどれか。

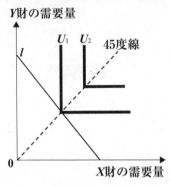
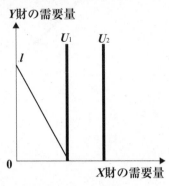

(1)　L字型の無差別曲線の場合、X財の需要関数は$q_x=\dfrac{M}{p_x p_y}$となる。

(2)　L字型の無差別曲線の場合、X財の需要関数は$q_x=\dfrac{M}{p_x}$となる。

(3)　垂直な無差別曲線の場合、X財の需要関数は$q_x=\dfrac{M}{p_x+p_y}$となる。

(4)　垂直な無差別曲線の場合、X財の需要関数は$q_x=\dfrac{M}{p_x}$となる。

〈難易度：B〉

　(1)(2)L字型の無差別曲線はX財とY財が完全補完財である場合の無差別曲線であり、問題の図ではX財とY財の消費の組は$1:1$となっている。そこで、この場合の需要関数は、X財とY財が$1:1$の組み合わせで需要されるので、$q_x=\dfrac{M}{p_x+p_y}$となる。(1)、(2)は誤りである。

　(3)(4)垂直な無差別曲線の場合、X財のみが需要されるので、需要曲線の式は$q_x=\dfrac{M}{p_x}$となる。(3)は誤りであり、(4)は正しい。

解　答　(4)

③ 財の特性と需要

所得消費曲線

　ある合理的な消費者がX財とY財の選択を行っている。下の図のU_1、U_2はこの消費者の無差別曲線、AA線は所得消費曲線である。このとき、選択肢の中から妥当なものはどれか。ただし、選択肢(3)のエンゲル曲線の図の縦軸は所得、横軸はX財の需要量とする。

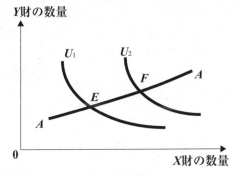

(1)　X財は必需財であり、Y財は奢侈財である。

(2)　X財は上級財であり、Y財は下級財である。

(3)　X財のエンゲル曲線は、右上がりになる。

(4)　X財の需要の所得弾力性は1より小さい。

〈難易度：C〉

　上級財、中立財、下級財の分類については以下のとおりである。

　　　上級財（正常財）：所得の増加に伴い需要量が増加する財

　　　中立財：所得の増加に伴い需要量が不変である財

　　　下級財（劣等財）：所得の増加に伴い需要量が減少する財

　所得消費曲線は、エンゲル曲線と対応する。縦軸に所得、横軸に需要量をとったエンゲル曲線および需要の所得弾力性との関係では、

　　　上級財：エンゲル曲線が右上がり、需要の所得弾力性が0より大きい

中立財：エンゲル曲線が垂直、需要の所得弾力性が 0

下級財：エンゲル曲線が右下がり、需要の所得弾力性が 0 より小さい

となる。ここで需要の所得弾力性とは、需要量の変化率を所得の変化率で割った値である。問題の図では、X財とY財のエンゲル曲線は右上がりになる。したがって、(2)は誤りであり、(3)は正しい。

また、必需財と奢侈財の定義は、

必需財：需要の所得弾力性が 1 より小さい財

奢侈財：需要の所得弾力性が 1 より大きい財

である。問題の図では、点Eから点Fにかけて所得消費曲線が水平に近いので、所得の増加率よりもX財の需要量の増加率が大きく、X財の需要の所得弾力性が 1 より大きい。したがって、(1)、(4)は誤りである。

解 答　　(3)

ギッフェン財の所得効果と代替効果

　ある合理的な消費者がX財とY財の2財を選択しているとする。この消費者の無差別曲線は原点に対して凸の無差別曲線である。また、この消費者にとってX財は下級財、Y財は上級財であるとする。このとき、以下の選択肢の中から妥当なものはどれか。ただし、需要曲線の図の横軸は需要量、縦軸は価格とする。

(1)　X財の価格が低下すると、X財需要の代替効果はプラス、所得効果はマイナスで、所得効果のほうが代替効果よりも大きい場合には、この消費者の需要曲線は右上がりになる。

(2)　X財の価格が低下すると、X財需要の代替効果はプラス、所得効果はマイナスで、所得効果のほうが代替効果よりも大きい場合には、この消費者の需要曲線は右下がりになる。

(3)　X財の価格が低下すると、X財需要の代替効果はマイナス、所得効果はプラスで、所得効果のほうが代替効果よりも大きい場合には、この消費者の需要曲線は右上がりになる。

(4)　X財の価格が低下すると、X財需要の代替効果はマイナス、所得効果はプラスで、所得効果のほうが代替効果よりも大きい場合には、この消費者の需要曲線は右下がりになる。

〈難易度：C〉

　X財の需要曲線が右上がりの場合にはギッフェン財（超下級財）である。価格が低下すると所得が増加したのと同じ効果がある。下級財では所得増加の効果は需要量にマイナスの効果となる。

　X財の価格が低下するとき、代替効果はプラスである。またX財が下級財であるので、所得効果はマイナスである。(3)、(4)は誤りである。

　X財の価格が低下するとき、代替効果のほうが所得効果よりも大きい場合には、価格低下に伴って、需要量が増加する。したがって、この消費者の需要曲線は右下がりである。他方、代替効果が所得効果よりも小さいときには、価格低下に伴って需要量が減少する。この場合には、需要曲線は右上がりとなる。需要曲線が右上がりになる財はギッフェン財（超下級財）と呼ばれる。(1)は正しく、(2)は誤りである。

15

整理すると、以下のとおりとなる。

上級財の場合	代替効果	所得効果	総効果
価格上昇：	マイナス	マイナス	マイナス
価格低下：	プラス	プラス	プラス

下級財の場合	代替効果	所得効果	総効果
価格上昇	マイナス	プラス	代替効果＞所得効果：マイナス 代替効果＜所得効果：プラス（ギッフェン財）
価格低下	プラス	マイナス	代替効果＞所得効果：プラス 代替効果＜所得効果：マイナス（ギッフェン財）

解　答　(1)

代替財と補完財

　ある合理的な消費者によってX財とY財の2財の選択が行われている。このとき、以下の選択肢の中から妥当なものはどれか。

(1)　X財の価格が上昇するときY財の需要量が増加するならば、X財はY財の代替財である。

(2)　X財の価格が上昇するときY財の需要量が減少するならば、Y財はX財の粗代替財である。

(3)　X財の価格変化に対するY財の需要の交差弾力性が負の値のとき、Y財はX財の粗代替財である。

(4)　X財の価格とY財の需要量に関するスルツキー方程式の代替効果を表す項が正の値のとき、Y財はX財の代替財である。

〈難易度：B〉

　粗代替財、粗補完財の定義は以下のようになる。

粗代替財：X財の価格が上昇するとき、Y財の需要量が増加すれば、Y財はX財の粗代替財

粗補完財：X財の価格が上昇するとき、Y財の需要量が減少すれば、Y財はX財の粗補完財

である。このとき、Y財がX財の粗代替財または粗補完財であっても、X財がY財の粗代替財または粗補完財とはならないことに注意が必要である。

　以上から、(2)は誤りである。

　次に交差弾力性を用いて、粗代替財・粗補完財の定義を見てみる。まず、交差弾力性の定義は、X財の価格をp_x、Y財の需要量をyとし、X財とY財の2財に関する交差弾力性をe_{xy}と表すと、次のように定義される。

$$e_{xy} = \frac{p_x}{y} \frac{\Delta y}{\Delta p_x}$$

交差弾力性を用いると、

　　　$e_{xy} > 0$のとき、Y財はX財の粗代替財

　　　$e_{xy} < 0$のとき、Y財はX財の粗補完財

となる。これより(3)は誤りである。

　代替財と補完財の定義は、スルツキー方程式の代替効果を表す項が正であるか負であるかによって定義する。X財の価格とY財の需要量に関する

スルツキー方程式は、Y財の需要量をy、X財の価格をp_x、X財の需要量をx、所得をIとして、

$$\left.\frac{\varDelta y}{\varDelta p_x}\right|_I = \left.\frac{\varDelta y}{\varDelta p_x}\right|_U - x\frac{\varDelta y}{\varDelta I}$$

と表される。この式の右辺の第1項は代替効果、第2項は所得効果を表している。

$$\left.\frac{\varDelta y}{\varDelta p_x}\right|_U > 0 \text{のとき} Y \text{財は} X \text{財の代替財}$$

$$\left.\frac{\varDelta y}{\varDelta p_x}\right|_U < 0 \text{のとき} Y \text{財は} X \text{財の補完財}$$

である。(1)は誤りであり、(4)は正しい。

解　答　　　(4)

④ 消費者行動理論の計算問題

最適需要量の計算問題

ある消費者の効用関数が以下のように与えられている。

$$u = x^{0.4}y^{0.6}$$

ここで、x は X 財の数量、y は Y 財の数量、u は効用水準である。X 財の価格が 6、Y 財の価格が 3、予算が 300 であるとすると、この消費者の X 財の最適消費量として正しいものはどれか。

(1)　10

(2)　15

(3)　20

(4)　25

〈難易度：C〉

問題の効用関数から、この消費者の限界代替率 MRS は、

$$MRS = (2/3)(y/x) \quad (1)$$

である。(1)式の計算方法は、6 ~ 7 頁の(3)の解説を参照。y 財と x 財の相対価格は6/3＝2であるので、この消費者の最適消費の条件は、

$$(2/3)(y/x) = 2 \quad (2)$$

である。これより、

$$y = 3x \quad (3)$$

他方、この消費者の予算制約式は、

$$300 = 6x + 3y \quad (4)$$

である。(3)式を(4)式に代入して、

$$300 = 6x + 9x \quad (5)$$

これより、$x = 20$ である。また、$x = 20$ を(3)式に代入すると $y = 60$ となる。

解　答　(3)

需要曲線の導出

ある合理的な消費者の効用関数が以下の式のように表される。

$$u = x^{\frac{2}{5}} y^{\frac{3}{5}}$$

ここで、u は効用水準、x は X 財の数量、y は Y 財の数量である。このとき、X 財の価格を p_x とし、Y 財の価格が6、この消費者の予算が100であるとすると、X 財の需要曲線として正しいものはどれか。

(1) $x = \dfrac{20}{p_x}$

(2) $x = \dfrac{30}{p_x}$

(3) $x = \dfrac{40}{p_x}$

(4) $x = \dfrac{50}{p_x}$

〈難易度：B〉

X 財の限界効用は、

$$\frac{\partial u}{\partial x} = \frac{2}{5}\left(\frac{y}{x}\right)^{\frac{3}{5}} \qquad (1)$$

である。また Y 財の限界効用は、

$$\frac{\partial u}{\partial y} = \frac{3}{5}\left(\frac{x}{y}\right)^{\frac{2}{5}} \qquad (2)$$

である。したがって、限界効用の比は(1)(2)式より、

$$\frac{\partial u/\partial x}{\partial u/\partial y} = \frac{\dfrac{2}{5}\left(\dfrac{y}{x}\right)^{\frac{3}{5}}}{\dfrac{3}{5}\left(\dfrac{x}{y}\right)^{\frac{2}{5}}} = \frac{2}{3}\frac{y}{x} \qquad (3)$$

となる。また X 財と Y 財の価格比は、Y 財の価格が $p_y = 6$ であるので、

$$\frac{p_x}{p_y} = \frac{p_x}{6} \qquad (4)$$

である。効用最大化条件：限界効用の比＝価格比を用いて、(3)式の限界効用の比が(4)式の価格比に等しいとすると、

$$y = (1/4)\, p_x \cdot x \qquad (5)$$

が得られる。

この消費者の直面する予算制約式は、

$$100 = p_x x + 6y \qquad (6)$$

である。(5)式を(6)式に代入すると、

$$100 = p_x x + (3/2) p_x x \qquad (7)$$

となる。これより X 財の需要曲線の式は $x = \dfrac{40}{p_x}$ となる。

解　答　　(3)

間接効用関数

ある合理的な消費者の効用関数が次のように表される。

$$u = \sqrt{xy}$$

ここで、u は効用水準、x は X 財の需要量、y は Y 財の需要量である。X 財の価格を p_x、Y 財の価格を p_y、予算を I とするとき、間接効用関数として妥当なものはどれか。

(1) $u = \dfrac{I}{p_x p_y}$

(2) $u = \dfrac{I^2}{4 p_x p_y}$

(3) $u = 2 p_x p_y I$

(4) $u = \dfrac{I}{2\sqrt{P_x P_y}}$

〈難易度：A〉

間接効用関数は、効用関数を X 財の価格、Y 財の価格、所得で表したものである。まず、X 財の需要関数と Y 財の需要関数を求めて、それらを問題文の効用関数に代入すれば間接効用関数を求めることができる。効用最大化条件を用いて導出することも可能であるが、ここではラグランジュ乗数法を用いて間接効用関数を導いてみる。

ラグランジュ乗数を λ とすると、予算制約式は $I = p_x x + p_y y$ であるので、問題の効用関数から、ラグランジュ関数 L は構成すると、

$$L = \sqrt{xy} + \lambda\,(I - p_x x - p_y y)$$

これより、x、y、λ でラグランジュ関数を偏微分すると、

$$\frac{\partial L}{\partial x} = 0.5\left(\frac{y}{x}\right)^{0.5} - p_x = 0$$

$$\frac{\partial L}{\partial y} = 0.5\left(\frac{x}{y}\right)^{0.5} - p_y = 0$$

$$\frac{\partial L}{\partial \lambda} = I - p_x x - p_y y = 0$$

である。最初の 2 つの式から、

$$\frac{y}{x} = \frac{p_x}{p_y}$$

が得られる。この式を上の式に代入すると、X財の需要関数は、

$$x = \frac{I}{2p_x}$$

Y財の需要関数は、

$$y = \frac{I}{2p_y}$$

となる。このxとyを問題文の効用関数に代入すると、間接効用関数は、

$$u = \frac{I}{2\sqrt{P_x P_y}}$$

となる。

解　答　　(4)

⑤　異時点間にわたる消費の配分

— 2 期間の最適消費 —

　今期の消費を C_1、来期の消費を C_2 とする。このときの効用関数が $U = C_1 \cdot C_2$ と与えられるとする。今期の所得は400、来期の所得は630であり、利子率は 5 ％であるとする。このとき、貯蓄や借入れが自由にできるとすると、 2 期間の最適化行動をとる消費者の今期の最適消費額として正しいものはどれか。

(1)　300

(2)　400

(3)　500

(4)　600

〈難易度：C〉

　今期の所得は400、来期の所得は630であり、利子率は 5 ％であるときの 2 期間の予算制約式は、

$$(1+0.05)\,400 + 630 = (1+0.05)\,C_1 + C_2$$

これより、

$$C_2 = 1{,}050 - 1.05\,C_1$$

この式を問題文の効用関数に代入すると、

$$U = 1{,}050\,C_1 - 1.05\,C_1^2$$

となる。この消費者が効用最大化を行っている場合には、

$$\partial U / \partial C_1 = 1{,}050 - 2.1\,C_1 = 0$$

が成立する。これより、今期の最適消費額は、

$$C_1 = 500$$

また来期の最適消費額は、

$$C_2 = 525$$

となる。

解　答　　(3)

利子率上昇の効果

　以下の図は、第 1 期の所得 $I_1 > 0$、第 2 期の所得 $I_2 > 0$、利子率 r の
もとで、今期の消費 C_1 と来期の消費 C_2 を選択する 2 期間の消費の選
択の問題に直面した消費者の無差別曲線 u と予算線 l を表している。
このとき、選択肢の中から妥当なものはどれか。

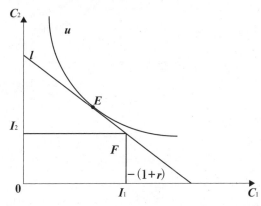

(1)　利子率が上昇するとき、第 1 期の消費に関する代替効果が所得効
　　果と等しければ、第 1 期の消費は増加する。

(2)　利子率が上昇するとき、第 1 期の消費に関する代替効果が所得効
　　果と等しければ、第 1 期の消費は減少する。

(3)　利子率が上昇するとき、第 1 期の消費に関する代替効果が所得効
　　果を上回れば、第 1 期の消費は増加する。

(4)　利子率が上昇するとき、第 1 期の消費に関する所得効果が代替効
　　果を上回れば、第 1 期の消費は増加する。

〈難易度：B〉

　問題の図の点 F が 2 期間の所得の組合せ、点 E が 2 期間の消費の組合
せに対応している。次ページの図 A、B の点線は代替効果と所得効果への
分解を示すための補助の予算線である。問題の図では、利子率が上昇する
とき第 1 期の消費に関する代替効果と所得効果が等しければ、第 1 期の消
費は変化しない（(1)、(2)は誤りである）。代替効果が所得効果を上回れば
第 1 期の消費は減少する（次ページの図 B の場合）。したがって(3)は誤り

である。所得効果が代替効果を上回れば第1期の消費は増加する（下の図
Aの場合）。したがって、(4)は正しい。

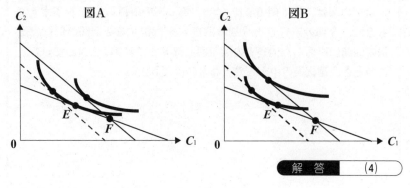

図A

図B

時間選好率

　今期の消費 C_1 と来期の消費 C_2 を選択する 2 期間の消費の選択の問題に直面した消費者の無差別曲線が以下の図で表されている。このとき、時間選好率に関する選択肢の中から妥当なものはどれか。

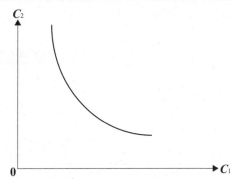

(1)　時間選好率は、$C_1＝C_2$ のときの無差別曲線の接線の傾きの絶対値で表される。

(2)　時間選好率は、$C_1＝C_2$ のときの限界代替率の逆数で表される。

(3)　時間選好率の負の値は、財の消費が早くできることを好む消費者の性急さを表している。

(4)　時間選好率の正の値は、$C_1＝C_2$ のとき、今期の消費の限界効用が来期の消費の限界効用よりも大きいことを表している。

〈難易度：Ｂ〉

(1)(2)時間選好率は、問題の図のように原点に対して凸となる通常の無差別曲線である場合、無差別曲線の接線の傾きの絶対値から 1 を引いた値で定義される。限界代替率を MRS、今期の消費の限界効用を MU_1、来期の消費の限界効用を MU_2 とすると、

$$MRS＝\frac{MU_1}{MU_2}$$

と表される。時間選好率を β と $C_1＝C_2$ のときの限界代替率を MRS^* とすると、

$$\beta＝MRS^*－1$$

である（(1)、(2)は誤りである）。

1.

消費者行動

(3)時間選好率は、通常、負の値とはならない（(3)は誤りである）。

(4)時間選好率が正の値をとるのは、消費者の財の消費が早くできることを好み消費者が性急であるからである。なぜなら、$C_1 = C_2$のとき、

$$\beta = \frac{MU_1}{MU_2} - 1 > 0$$

のとき、$MU_1 > MU_2$となり、消費量が同じならば、今期の消費の限界効用のほうが来期の消費の限界効用よりも大きいからである。このことは消費者の性急さを表している。(3)は誤りであり、(4)は正しい。

解　答　　(4)

⑥　余暇と労働の選択

余暇と労働（図の問題）

　以下の図の曲線は、合理的な消費者の余暇と所得の選択に関する無差別曲線を表している。また右下がりの直線は、利用可能な総時間を T、余暇時間を L、実質賃金率を w、実質所得を I とした場合の予算制約線 $I = w(T-L)$ である。このとき、選択肢の中から妥当なものはどれか。

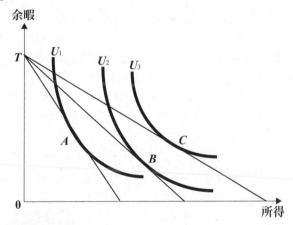

(1)　実質賃金率が上昇すると、余暇の価格が低下する。

(2)　実質賃金率が上昇し消費者の最適点が A から B に移動するとき、余暇需要の所得効果が代替効果を上回る。

(3)　実質賃金率が上昇し消費者の最適点が B から C に移動するとき、労働供給量は減少する。

(4)　点 A、B、C を結んだ曲線は、点 A で示される余暇と所得の組合せを初期保有量とするオファーカーブである。

〈難易度：C〉

　余暇と労働の選択の問題である。予算制約式は、$I = w(T-L)$ である。利用可能な総時間を $T=12$、余暇時間を $L=4$ とすると労働時間は $T-L=8$

となる。実質賃金率を1,000とすると、実質所得は I として、$I=w(T-L)$ ＝1,000（12－4）＝8,000である。無差別曲線は横軸に所得 I、縦軸に余暇を取ったグラフで描かれている。グラフでは、余暇と所得の最適な組合せを選ぶ問題となっており、余暇の選択された最適な時間数が決まれば、総時間数 T から余暇時間 L を差し引くことで労働時間が判明する。労働の時間は縦軸上の $(T-L)$ の長さで表されることになる。

(1)余暇の価格は、機会費用の考え方を考慮すれば、実質賃金率 w である。実質賃金率の上昇は余暇の価格の上昇を意味する。したがって、(1)は誤りである。

(2)実質賃金率が上昇し消費者の最適点が A から B に移動するとき、余暇需要の代替効果が所得効果を上回るため、余暇時間が減少し、労働時間が増加する。余暇需要の代替効果は縦軸の長さ（時間数）で表された余暇時間の減少分、所得効果は縦軸の長さ（時間数）で表された余暇の増加分である。したがって、(2)は誤りである。

(3)実質賃金率が上昇し消費者の最適点が B から C に移動するとき、余暇需要の所得効果が代替効果を上回るため、余暇時間が増加し、労働時間が減少する。したがって、(3)は正しい。

(4)点 A、B、C を結んだ曲線はオファーカーブであるが、初期保有量は点 A の余暇と所得の組合せではなく、点 T に対応する総利用可能時間 T と所得ゼロの組合せである。したがって、(4)は誤りである。

解 答 (3)

余暇と労働（計算問題）

　ある個人の余暇時間 L と財の需要量 X に関する効用関数が以下のように与えられている。

$$U = X \cdot L$$

　ここで、U は効用水準である。このとき、この個人の自由にできる時間が1日18時間であり、1時間当たりの名目賃金が4、財の価格が12であるとすると、この個人の最適な労働供給時間として妥当なものはどれか。

(1)　6時間

(2)　8時間

(3)　9時間

(4)　12時間

〈難易度：B〉

　この個人の予算制約式は、

$$12X = 4(18 - L) \qquad (1)$$

である。これより、

$$L = 18 - 3X \qquad (2)$$

　この式を問題文の効用関数に代入すると、

$$U = 18X - 3X^2 \qquad (3)$$

となる。したがって、効用最大化条件 $dU/dX = 0$ を用いて、

$$dU/dX = 18 - 6X = 0 \qquad (4)$$

となる。これより、

$$X = 3 \qquad (5)$$

が x 財の最適消費量である。この式を(2)式に代入すると、最適余暇時間 $L = 9$ を得る。したがって、最適労働時間は $T - L = 18 - 9 = 9$（時間）となる。

解　答　(3)

⑦ 顕示選好理論・消費者余剰

顕示選好の弱公準

　ある消費者の X 財と Y 財に関する価格変化前（当初）と価格変化後の購入の組合せを表した図である。図1および図2の直線 l^1 は当初の予算線、l^1 は価格変化後の予算線を表している。また、点 A は当初の X 財と Y 財の購入の組合せ、点 B および点 C は価格変化後の購入の組合せを表している。このとき、以下の選択肢の中から妥当なものはどれか。

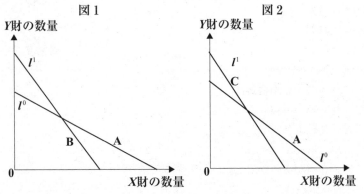

図1　　　　　　　　　　　　　図2

(1)　図1の場合は、点 B の需要の組は点 A の需要の組よりも顕示的に選好されている。
(2)　図1の場合は、顕示選好の弱公準と矛盾する。
(3)　図2の場合は、点 C の需要の組は点 A の需要の組よりも顕示的に選好されている。
(4)　図2の場合は、顕示選好の弱公準と矛盾しない。

〈難易度：B〉

　無差別曲線では消費者の事前の好みの体系を無差別曲線群として表す。これに対して顕示選好理論では、消費者の事後的な支出行動が消費者の好みを判断する基礎となっている。X 財の価格を p_x、Y 財の価格を p_y、X 財

の需要量を x、Y 財の需要量を y として、価格が p_x^0、p_y^0 の下でのある消費者の X 財と Y 財の需要量を x^0、y^0、価格が p_x^1、p_y^1 の下でのある消費者の X 財と Y 財の需要量を x^1、y^1 として、

$$p_x^0 x^0 + p_y^0 y^0 \geq p_x^0 x^1 + p_y^0 y^1 \cdots\cdots (*)$$

が成り立つとき、需要 $A = (x^0,\ y^0)$ を需要 $B = (x^1,\ y^1)$ よりも顕示的に選好していると呼ぶ。数値例で説明すると、不等号の両辺とも価格と数量をかけたものの合計値なので、100円×3個+200円×2個=700円、100円×4個+200円×1個=600円のような支出金額を比較することになる。そして、（3個、2個）の組合せを700円で購入したならば、（4個、1個）の600円で購入できる財の組合せよりも（3個、2個）の組合せを好んでいることになる。このとき、（3個、2個）の組合せが（4個、1個）の財の組合せよりも「顕示的に選好されている」と呼ばれる。

顕示選好の弱公準は、

「$p_x^0 x^0 + p_y^0 y^0 \geq p_x^0 x^1 + p_y^0 y^1$ ならば $p_x^1 x^0 + p_y^1 y^0 > p_x^1 x^1 + p_y^1 y^1$ が成立する」

ということである。顕示選好の弱公準は、$p_x^0 x^0 + p_y^0 y^0 \geq p_x^0 x^1 + p_y^0 y^1$ が成り立っているならば、$p_x^1 x^1 + p_y^1 y^1 \geq p_x^1 x^0 + p_y^1 y^0$ とはならない。したがって後者の式で「$\geq$」とはならないので、「$<$」となる、すなわち $p_x^1 x^1 + p_y^1 y^1 < p_x^1 x^0 + p_y^1 y^0$ が成立するということを述べている。

(1)図1において、点 A は予算線 l^0 上にあるのに対して、点 B は予算線 l^0、横軸、縦軸で囲まれた領域の内部にあり、点 A での支出金額が予算線 l^0 に対応するものである場合、点 B の支出金額は点 A の支出金額よりも低くなる。したがって、点 A の需要の組 $A = (x^0,\ y^0)$ は点 B の需要の組 $B = (x^1,\ y^1)$ よりも顕示的に選好されている。(1)は誤りである。

(2)図1において、予算線 l^0 では、$p_x^0 x^0 + p_y^0 y^0 \geq p_x^0 x^1 + p_y^0 y^1$ が成り立っている。価格が変化して、予算線が l^1 となった場合には、$p_x^1 x^0 + p_y^1 y^0 > p_x^1 x^1 + p_y^1 y^1$ となる。したがって、図1の点 A の需要の組と点 B の需要の組の関係は、顕示選好の弱公準を満たしている。(2)は誤りである。

(3)図1において、点 A は予算線 l^0 上にあるのに対して、点 C は予算線 l^0、横軸、縦軸で囲まれた領域の外部にあり点 C の財の組合せは購入不可能で、この頁の2行目の（*）式が成り立っていない。そこで、点 A の需要の組 $A = (x^0,\ y^0)$ は点 C の需要の組 $C = (x^1,\ y^1)$ よりも顕示的に選好されているとは言えない。(3)は誤りである。

(4)顕示選好の弱公準の $p_x^0x^0+p_y^0y^0 \geqq p_x^0x^1+p_y^0y^1$ という条件がそもそも満たされないので、$p_x^0x^0+p_y^0y^0 \geqq p_x^0x^1+p_y^0y^1$ が成り立つときの関係を述べている顕示選好の弱公準とは矛盾しない。(4)は正しい。

解　答　　　(4)

指数と顕示選好の弱公準

　ラスパイレス数量指数 L_Q を、パーシェ数量指数を P_Q として、顕示選好の弱公準を用いた場合に説明できることとして、正しいものは以下のうちどれか。

(1)　$L_Q \geq 1$ のとき、基準年と比べて比較年のほうが生活水準が低下する。

(2)　$L_Q \leq 1$ のとき、基準年と比べて比較年のほうが生活水準が低下する。

(3)　$P_Q \geq 1$ のとき、基準年と比べて比較年のほうが生活水準が低下する。

(4)　$P_Q \leq 1$ のとき、基準年と比べて比較年のほうが生活水準が低下する。

〈難易度：A〉

　基準年の X 財と Y 財の価格を $p_x{}^0$、$p_y{}^0$、需要量を x^0、y^0、比較年の X 財と Y 財の価格を $p_x{}^1$、$p_y{}^1$、需要量を x^1、y^1 とし、ラスパイレス数量指数を L_Q、パーシェ数量指数を P_Q とすると、

$$L_Q = \frac{p_x{}^0 x^1 + p_y{}^0 y^1}{p_x{}^0 x^0 + p_y{}^0 y^0} \qquad P_Q = \frac{p_x{}^1 x^1 + p_y{}^1 y^1}{p_x{}^1 x^0 + p_y{}^1 y^0} \qquad (1)$$

と表される。

　$L_Q \leq 1$ のとき、$L_Q = \dfrac{p_x{}^0 x^1 + p_y{}^0 y^1}{p_x{}^0 x^0 + p_y{}^0 y^0} \leq 1$ より、　　　(2)

$$p_x{}^0 x^0 + p_y{}^0 y^0 \geq p_x{}^0 x^1 + p_y{}^0 y^1$$

が得られる。両辺を $p_x{}^1 x^1 + p_y{}^1 y^1$ で割ると、

$$\frac{p_x{}^0 x^0 + p_y{}^0 y^0}{p_x{}^1 x^1 + p_y{}^1 y^1} \geq \frac{p_x{}^0 x^1 + p_y{}^0 y^1}{p_x{}^1 x^1 + p_y{}^1 y^1} \qquad (3)$$

が得られる。これより、

$$\frac{p_x{}^1 x^1 + p_y{}^1 y^1}{p_x{}^0 x^0 + p_y{}^0 y^0} \leq \frac{p_x{}^1 x^1 + p_y{}^1 y^1}{p_x{}^0 x^1 + p_y{}^0 y^1} \qquad (4)$$

となる。この式は、名目所得（名目支出）の比 E がパーシェ価格指数 P_P よりも小さいこと、$(E \leq P_P)$ を意味している。

　他方、(2)式と顕示選好の弱公準から、

$$p_x{}^1x^0 + p_y{}^1y^0 > p_x{}^1x^1 + p_y{}^1y^1$$

となる。この式の両辺を $p_x{}^0x^0 + p_y{}^0y^0$ で割ると、

$$\frac{p_x{}^1x^0 + p_y{}^1y^0}{p_x{}^0x^0 + p_y{}^0y^0} > \frac{p_x{}^1x^1 + p_y{}^1y^1}{p_x{}^0x^0 + p_y{}^0y^0}$$

が得られる。これは名目所得(名目支出)の比がラスパイレス価格指数よりも小さいこと ($L_P > E$) を意味している。したがって、名目所得の変化はラスパイレス価格指数とパーシェ価格指数よりも小さいので比較年では生活水準が低下したと言える。(1)は誤りであり、(2)は正しい。

同様の方法で、$P_Q \geq 1$ のときには、名目所得の変化はラスパイレス価格指数とパーシェ価格指数よりも大きくなることを示すことができるので、$P_Q \geq 1$ のときには比較年のほうが生活水準が向上する。(3)、(4)は誤りである。

解　答　(2)

消費者余剰、等価変分、補償変分

　合理的な消費者が X 財と Y 財の選択を行っている。X 財の数量を x、Y 財の数量を y としたとき、X 財の需要に関して X 財の価格がある値から変化したことに伴う消費者余剰、等価変分、補償変分の 3 つが等しくなる場合の効用関数として妥当なものは、次のうちどれか。

(1)　$u = min[x, y]$

(2)　$u = xy$

(3)　$u = \sqrt{x} + y$

(4)　$u = \sqrt{xy}$

〈難易度：A〉

　X 財の需要に関して、X 財の価格変化に伴う消費者余剰、等価変分、補償変分の 3 つが等しい場合は、X 財需要の所得効果がゼロであり、X 財の補償需要曲線と通常の需要曲線が一致する場合である。

　X 財と Y 財に関する効用関数において、X 財が中立財となるのは、選択肢の中では(3)の、

　　　$u = \sqrt{x} + y$

である。この形の効用関数は準線形の効用関数と呼ばれている。右辺第 2 項の y の係数が 1 であり一定である。

解　答　(3)

２．企業の理論

① 費用関数

費用関数

　ある企業の総費用曲線が、下図の AB で表されるとする。このときの、以下の記述のうち、誤っているものはどれか。

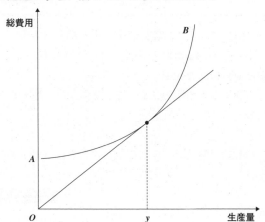

(1) 限界費用曲線は U 字型になる。

(2) 平均費用曲線は U 字型になる。

(3) 固定費用の大きさは、図の OA である。

(4) 生産量 y がより大きいとき、平均費用より限界費用のほうが大きい。

〈難易度：C〉

(1)：誤り。限界費用は総費用曲線 AB の傾きである。総費用曲線 AB の傾きは常にゼロ以上で生産量が大きいほど大きく逓増的であるから、限界費用は右上がりのグラフになる。

(2)：正しい。平均費用は総費用を生産量で割ったものであり、原点 O と
　　 AB 曲線上の点を結ぶ直線の傾きである。したがって、生産量が原点 O
　　 から y までは、生産量が増加するごとに平均費用は低下していき、y を
　　 超えると平均費用は増加する。したがって、平均費用は U 字型になる。
(3)：正しい。線分 OA は生産量がゼロのときにかかる固定費用の大きさを
　　 表している。
(4)：正しい。生産量が y より小さいとき平均費用 $AC>$ 限界費用 MC、生産
　　 量が y より大きいとき平均費用 $AC<$ 限界費用 MC となる。

解　答　　　(1)

費用関数

　ある企業の短期総費用曲線 *TC* が下図のように表されるとする。この図に関する以下の記述のうち、誤っているものはどれか。

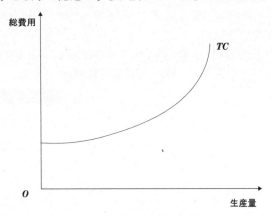

(1)　生産量を増加させても、固定費用は一定である。

(2)　生産量を増加させると、可変費用は増加する。

(3)　生産量を増加させると、限界費用は増加する。

(4)　生産量を増加させると、平均可変費用は減少する。

〈難易度：C〉

(1)：正しい。固定費用は、生産量がゼロのときにも必要となる費用の大きさであるから、総費用曲線 *TC* の縦軸との切片の大きさである。これは生産量の水準によらず一定である。

(2)：正しい。可変費用は総費用から固定費用を引いたものである。総費用曲線 *TC* は右上がりであるが固定費用は一定なので、可変費用も右上がりの増加関数になる。

(3)：正しい。限界費用は総費用曲線 *TC* の傾きの大きさである。*TC* の傾きは逓増的で、生産量が大きくなるにしたがって大きくなっている。よって、限界費用は増加する。

(4)：誤りである。平均可変費用は、総費用のうち固定費用を除いた可変費用を生産量で割った比率である。これは縦軸切片と総費用曲線上の点と

を結んだ直線の傾きであるから、生産量が増加すると平均可変費用も増加する。

解　答　(4)

② 短期の企業行動（計算）

短期の企業行動（計算）

　ある企業が完全競争市場で取引される財を生産しており、総費用 TC が、

$$TC = x^3 - 9x^2 + 9x + 40 \quad (x \text{ は財の生産量})$$

で与えられるとする。この財の市場価格が30であるとき、この企業の利潤を最大にする生産量として、正しいものはどれか。

(1)　5

(2)　7

(3)　10

(4)　12

〈難易度：C〉

　限界費用 MC は総費用 TC の傾きであるから、この企業の総費用 TC を生産量 x で微分すると、

$$MC = \frac{dTC}{dx} = 3x^2 - 18x + 9$$

となる。完全競争市場における企業の利潤最大化の条件は、価格 P と限界費用 MC が等しくなること（$P = MC$）であるから、上で求めた限界費用 MC と市場価格 $P = 30$ を代入すると、

$$30 = 3x^2 - 18x + 9$$
$$3x^2 - 18x - 21 = 0$$
$$x^2 - 6x - 7 = 0$$
$$(x+1)(x-7) = 0$$

となる。生産量は非負であるので、利潤を最大にする生産量は $x = 7$ となる。したがって、(2)が正しい。

解　答　(2)

短期の企業行動（計算）

ある企業の総費用 C が、以下の式で表されるとする。

$$C = q^3 - 8q^2 + 20q + 5$$

ここで q は生産量を表す。この企業が操業を停止する価格として正しいものはどれか。

(1)　4

(2)　6

(3)　8

(4)　10

〈難易度：B〉

　完全競争市場における企業の利潤最大化の条件は $P = MC$ である。一方、$P \geq AVC$ であれば可変費用が回収できるため企業は操業を続ける。したがって、操業停止点の条件は $P = MC = AVC$ である。

　限界費用 MC および平均可変費用 AVC は、

$$MC = \frac{dC}{dq} = 3q^2 - 16q + 20$$

$$AVC = \frac{VC}{q} = q^2 - 8q + 20$$

である。これを操業停止点の条件 $MC = AVC$ に代入すると、

$$3q^2 - 16q + 20 = q^2 - 8q + 20$$

$$2q^2 - 8q = 0$$

$$2q(q - 4) = 0$$

より、$q = 0$ もしくは $q = 4$ となる。したがって操業を停止する生産量は $q = 4$ である。これを $P = AVC$ に代入すると、

$$P = AVC = (4)^2 - 8(4) + 20 = 16 - 32 + 20 = 4$$

となるので、操業を停止する価格は(1)の 4 である。

解　答　　(1)

短期の企業行動（文章）

　完全競争市場で生産を行う企業の総収入曲線 *TR* と総費用曲線 *TC* が、下図で表されるとする。この図に関する以下の記述のうち、誤っているものはどれか。

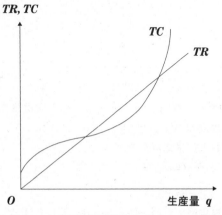

(1)　利潤を最大化する生産量では利潤はプラスになるが、生産をやめると利潤は負になる。

(2)　価格が上昇すると、利潤を最大にする生産量は大きくなる。

(3)　固定費用が増加すると、利潤を最大化する生産量は小さくなり、利潤も減少する。

(4)　可変費用である賃金率が上昇すると、利潤を最大にする生産量は小さくなる。

〈難易度：C〉

　完全競争市場の利潤最大化条件は、価格と限界費用が等しいこと（*P＝MC*）である。

(1)：正しい。この図では、総収入曲線 *TR* よりも総費用曲線 *TC* が小さくなる部分があるので、利潤が最大になるとき、利潤は正である。*q＝0* の

ときは $TR＝0$ であるが、固定費用はかかるので $TC＞0$ である。よって、利潤＝$TR－TC＜0$ である。

(2)：正しい。価格が上昇すると、総収入曲線 TR の傾きが増加するので、利潤最大化の条件 $P＝MC$ から限界費用も大きくなり、生産量は TC の傾きがより大きい点にシフトする。よって、生産量は増加する。（図 a 参照）

(3)：誤りである。固定費用が増加すると TC のグラフが上にシフトするが、傾きは変わらないため限界費用は変わらない。したがって、利潤を最大にする生産量も変わらない。（図 b 参照）

(4)：正しい。賃金率が上昇すると可変費用である労働コストが上昇し、総費用曲線 TC の傾きである限界費用が上昇するため、利潤を最大にする生産量は小さくなる。（図 c 参照）

〈図 a 〉　　　　　〈図 b 〉　　　　　〈図 c 〉

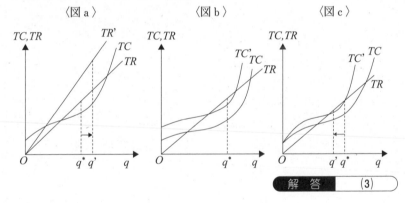

解　答　　(3)

短期の企業行動（文章）

　下図は、完全競争市場における企業の限界費用曲線 *MC*、平均費用曲線 *AC*、平均可変費用曲線 *AVC* を表したものである。この企業の損益分岐点と操業停止点の組合せとして、正しいものはどれか。

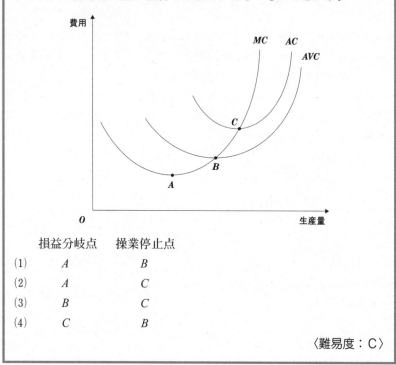

	損益分岐点	操業停止点
(1)	*A*	*B*
(2)	*A*	*C*
(3)	*B*	*C*
(4)	*C*	*B*

〈難易度：C〉

　価格を *P*、生産量を *Q*、総費用を *TC* とすると、企業の利潤は $\pi = PQ - TC$、利潤最大化の必要条件は $P = MC$ である。

　損益分岐点とは企業の利潤がゼロとなる点である。利潤ゼロの条件は $\pi = PQ - TC = (P - AC) \times Q = 0$ より、$P = AC$ である。これと利潤最大化の条件 $P = MC$ を同時に満たすのは、$P = MC = AC$ となる点であるから、損益分岐点は図の点 *C* である。

　企業が既に操業を行っている場合、操業を続けても停止しても、どちらの場合でも固定費用 *FC* はかかる。したがって企業は $\pi = PQ - VC = (P -$

$AVC) \times Q \geq 0$ であれば可変費用 VC を回収することができ、操業を継続する。

操業を停止するのは等号が成り立つとき、すなわち $P=AVC$ のときである。これと利潤最大化の条件（$P=MC$）とを同時に満たすのは、$P=MC=AVC$ となる点であるから、操業停止点は図の点 B である。

解　答　(4)

2. 企業の理論

④ 長期の企業行動（文章）

長期の企業行動（文章）

完全競争市場における企業の行動に関する以下の記述のうち、誤っているものはどれか。

(1) 短期においては、企業の固定費用は一定であり、市場への参入・退出がなく市場の企業数は変化しない。

(2) 長期においては、固定費用と可変費用の区別はなく、市場への参入・退出によって市場に存在する企業数は変化する。

(3) 短期の場合も長期の場合も、企業の利潤最大化の必要条件は、生産物の価格と限界費用が等しくなることである。

(4) 長期平均費用曲線は、各固定費用の水準に対応する短期平均費用曲線の最低点を必ず通る。

〈難易度：B〉

(1)：正しい。短期とは、原材料などの可変費用は水準を変化させることができるが、生産設備などの固定費用は一定で変化しないような状況である。生産設備などが変化しないため、新たな参入や退出はなく、企業数は変化しない。

(2)：正しい。長期とは、生産設備などの水準も変化することができる状況であるから、すべての費用が可変費用であり、固定費用と可変費用の区別はない。生産設備なども新規に増設したり廃棄できるので、参入・退出が発生し、企業数は変化する。

(3)：正しい。短期で考える場合も長期で考える場合も、企業が利潤最大化する条件は $P=MC$ である。

(4)：誤りである。長期平均費用曲線は、短期平均費用曲線の包絡線である。したがって、最低点を通るわけではない。

解　答　(4)

長期の企業行動（文章）

　長期の費用関数に関する以下の記述のうち、正しいものはどれか。ただし、費用関数のグラフは縦軸に費用、横軸に生産量をとるものとする。

(1)　長期総費用曲線は、短期平均費用曲線の包絡線である。

(2)　長期総費用曲線が原点を通る右上がりの直線の場合、短期総費用曲線も原点を通る。

(3)　長期平均費用曲線が右上がりのとき、長期限界費用は長期平均費用よりも大きくなる。

(4)　短期の平均費用曲線が U 字型であるとき、長期平均費用曲線も必ず U 字型になる。

〈難易度：A〉

(1)：誤りである。長期総費用曲線は、短期総費用曲線の包絡線である。

(2)：誤りである。短期に固定費用が存在する場合には、短期総費用曲線の縦軸との切片は正になり、原点は通らない。

(3)：正しい。長期平均費用曲線が右上がりのとき、短期平均費用曲線はその最低点より右側で長期平均費用曲線と接する。短期平均費用曲線の最低点より右側では短期限界費用は短期平均費用より大きいため、長期限界費用も長期平均費用より大きくなる。

(4)：誤りである。短期平均費用が U 字型であっても、生産関数が規模に関して収穫逓減であれば長期平均費用は右上がり、規模に関して収穫一定であれば長期平均費用は水平、収穫逓増であれば長期平均費用は右下がりになる。したがって、必ず U 字型になるわけではない。

解　答　(3)

2. 企業の理論

⑤　長期の企業行動（計算）

┌──長期の企業行動（計算）──

ある企業の生産関数が、

$$Y=\sqrt{KL}$$

で与えられているとする。ただし、Y：生産量、K：資本量、L：労働量であり、労働は短期・長期ともに可変的であるが、資本は長期のみ可変的であるとする。資本のレンタル率が400、労働の賃金率が100であるとき、長期の総費用 C を表す式として、正しいものはどれか。

(1)　$C=200Y$

(2)　$C=400Y$

(3)　$C=600Y$

(4)　$C=800Y$

〈難易度：B〉

資本のレンタル率（資本の価格）を r、賃金率（労働の価格）を w とすると、生産関数 $Y=\sqrt{KL}$ を制約条件として、長期総費用 $rK+wL$ を最小化する問題のラグランジュ関数 G は、

$$G=rK+wL+\lambda(Y-\sqrt{KL})$$

となるから、費用最小化の1階の条件より、

$$r=\frac{\lambda}{2}K^{-\frac{1}{2}}L^{\frac{1}{2}} \text{ および } w=\frac{\lambda}{2}K^{\frac{1}{2}}L^{-\frac{1}{2}}$$

が得られる。これを整理して $r=400$、$w=100$ を代入すると、

$$\left(\frac{K}{L}\right)=\left(\frac{w}{r}\right)=\frac{100}{400}=\frac{1}{4}$$

となるから、これを生産関数に代入すると、$K=\frac{1}{2}Y$ および $L=2Y$ が得られる。したがって、長期費用関数 C は、

$$C=rK+wL=400\left(\frac{1}{2}Y\right)+100(2Y)=400Y$$

となる。

解　答　(2)

長期の企業行動（計算）

　ある産業は完全競争的で参入・退出が自由であり、企業の費用曲線はすべて同一で、

$$C(x) = x^2 + 10x + 100$$

であるとする。また、この産業の需要曲線が、

$$D = 200 - P$$

で与えられるとする。ただし、D は需要量、P は価格である。この産業の長期均衡における企業数として、正しいものはどれか。

(1)　15

(2)　16

(3)　17

(4)　18

〈難易度：B〉

2.
企業の理論

　企業の費用関数より、

$$AC = x + 10 + \frac{100}{x}$$

$$MC = 2x + 10$$

が得られる。長期均衡では利潤がゼロとなるため、長期均衡の条件は $P = AC = MC$ である。これに式を代入すると、

$$x + 10 + \frac{100}{x} = 2x + 10$$

となる。生産量は正であるから、これを整理すると最適な生産量は $x = 10$ である。よって、長期均衡における市場価格は $P = MC = 2(10) + 10 = 30$ となる。

　これを需要曲線に代入すると、長期均衡における市場全体の需要量は $D = 200 - 30 = 170$ である。

　したがって、長期均衡では「企業の最適生産量10×企業数 n＝市場全体の需要量170」より、企業数 n は $n = 170/10 = 17$ となる。

解　答　(3)

長期の企業行動（計算）

完全競争市場で生産を行う企業の生産関数が、次のように表されるとする。

$$Y = 4K^{\frac{1}{4}}L^{\frac{3}{4}}$$

ただし、Y は生産量、K は資本量、L は労働量である。当初、資本の賃貸率は10、賃金率は12であったが、その後、賃金率だけが15に上昇したとする。このときの資本装備率（K/L）の変化として、正しいものはどれか。

(1) 資本装備率（K/L）は0.1上昇する。

(2) 資本装備率（K/L）は0.2上昇する。

(3) 資本装備率（K/L）は0.2下落する。

(4) 資本装備率（K/L）は0.3下落する。

〈難易度：A〉

資本賃貸率（資本の価格）を r、賃金率（労働の価格）を w とすると、総費用 $rK+wL$ を最小化する問題のラグランジュ関数は、

$$G = rK + wL + \lambda(Y - 4K^{\frac{1}{4}}L^{\frac{3}{4}})$$

となるから、費用最小化の１階の条件より、

$$r = \lambda K^{-\frac{3}{4}}L^{\frac{3}{4}} \text{ および } w = 3\lambda K^{\frac{1}{4}}L^{-\frac{1}{4}}$$

が得られる。これを整理すると、資本装備率と要素価格比の関係は、

$$\left(\frac{K}{L}\right) = \frac{1}{3}\left(\frac{w}{r}\right)$$

となる。$r=10$、$w=12$ のとき、資本装備率（K/L）$=0.4$ である。ここで賃金率が $w=15$ に変化すると（K/L）$=0.5$ となり、資本装備率は0.1上昇する。

解　答　　(1)

3．市場の均衡

①　部分均衡

市場均衡価格

次の2式は、ある財の需要曲線と供給曲線を示している。

需要曲線：$D = -2P + 8$

供給曲線：$S = 4P - 4$

ただし、P は価格を表している。市場均衡価格は次のうちいくらになるか。

(1)　1

(2)　2

(3)　4

(4)　8

〈難易度：C〉

市場均衡では、需要量と供給量は等しい。

まず、均衡条件 $D = S$ に需要曲線（$D = -2P + 8$）と供給曲線（$S = 4P - 4$）の式を代入すると、$-2P + 8 = 4P - 4$ を得る。

ついで価格 P について方程式を解く。その結果、均衡価格 $P^* = 2$ を得る。

解　答　　(2)

従量税の税収

　ある財の需要曲線が $D=-\dfrac{1}{3}P+120$、供給曲線が $S=\dfrac{1}{2}P-30$ であるとする。ただし、D は需要量、S は供給量、P は価格である。この財に1単位当たり50の従量税を課すとすれば、税収はいくらになるか。

(1)　250
(2)　2,500
(3)　3,000
(4)　3,600

〈難易度：B〉

　市場均衡では、需要量と供給量は等しい。均衡条件 $D=S$ に需要曲線と供給曲線の式を代入すると、$-\dfrac{1}{3}P+120=\dfrac{1}{2}P-30$ を得る。ついで価格 P について方程式を解く。その結果、当初の均衡価格 P^* と均衡数量 Q^* は、

$$P^*=180 \qquad Q^*=60$$

となる。

　次に1単位当たり50の従量税が課されると、新しい供給曲線は、

$$P=2S+60+50=2S+110$$

となる。この式と問題の需要曲線の式から、課税後の新しい均衡価格 P^{**} と均衡数量 Q^{**} は、

$$P^{**}=210 \qquad Q^{**}=50$$

となる。したがって、生産量が $Q^{**}=50$ のときの生産者の受取価格は、

$$P=2\times50+60=160$$

である。このことから、税収は、

$$(210-160)\times50=2,500$$

となる。したがって、(2)が正しい。

解　答　(2)

需要の価格弾力性

　ある財の需要曲線と供給曲線が、次のとおり与えられている。

　　需要曲線：$D = -50P + 240$

　　供給曲線：$S = 30P - 80$

　ただし、D：需要量、S：供給量、P：価格である。このとき、この財の需給が一致する均衡点における需要の価格弾力性として、正しいものはどれか。

(1)　$\dfrac{1}{10}$

(2)　$\dfrac{1}{5}$

(3)　5

(4)　10

〈難易度：B〉

　市場均衡では、需要量と供給量は等しい。

　まず、均衡条件 $D = S$ に需要曲線と供給曲線の式を代入すると、$-50P + 240 = 30P - 80$ を得る。ついで価格 P について方程式を解く。

　$80P = 320$ となるので均衡価格は、

　　$P^* = 4$

と求められる。このときの需要量は、$D^* = -50 \times 4 + 240 = 40$ である。よって、均衡点における需要の価格弾力性は、

$$\eta = -\frac{\dfrac{\Delta D}{D^*}}{\dfrac{\Delta P}{P^*}} = -\frac{\Delta D}{\Delta P}\frac{P^*}{D^*} = -(-50) \times \frac{4}{40} = 5$$

と計算されるので、(3)が正しい。

解　答　　(3)

3. 市場の均衡

② 均衡の安定性

─均衡の安定性─

需要曲線と供給曲線の式が以下のように与えられている。

$D = 15P + 5$

$S = 12P + 20$

ここで、P は価格、D は需要量、S は供給量である。このとき、次の記述のうち、正しいものはどれか。

(1) 市場がワルラス的調整過程をとるとき均衡は安定、マーシャル的調整過程をとるとき均衡は安定である。

(2) 市場がワルラス的調整過程をとるとき均衡は不安定、マーシャル的調整過程をとるとき均衡は安定である。

(3) 市場がワルラス的調整過程をとるとき均衡は安定、マーシャル的調整過程をとるとき均衡は不安定である。

(4) 市場がワルラス的調整過程をとるとき均衡は不安定、マーシャル的調整過程をとるとき均衡は不安定である。

〈難易度：B〉

需要曲線と供給曲線がともに右上がり（プラスの傾き）であり、需要曲線の傾きのほうが供給曲線の傾きよりも小さい（需要曲線の傾き＜供給曲線の傾き）とき、ワルラス的調整過程の場合には均衡は不安定、マーシャル的調整過程の場合には安定である。

したがって、(2)が正しい。

解　答　　(2)

ワルラスの安定条件

需要量を D、供給量を S、価格を P とし、超過需要関数を $E(P) = -5P + 5$ とする。このとき、市場均衡の安定性に関する記述として、正しいものはどれか。

(1) ワルラスの意味で安定である。

(2) ワルラスの意味で不安定である。

(3) マーシャルの意味で安定である。

(4) マーシャルの意味で不安定である。

〈難易度：B〉

　ワルラスの調整過程では、超過需要が正の場合（需要量が供給量を上回る場合）に価格が上昇し、超過需要が負の場合に価格が低下する。よって、ワルラスの意味で市場均衡が安定であるためには、市場均衡価格より高い価格において超過需要が負、市場均衡価格より低い価格において超過需要が正であればよい。これは $E'(P) < 0$ のとき、満たされる。$E(P) = -5P + 5$ のとき、$E'(P) = -5 < 0$ である。

　したがって、(1)が正しい。

解　答　　(1)

3.
市場の均衡

くもの巣モデルの調整過程

　生産活動に時間を要する場合、1期前の価格に応じて生産量を決める必要がある。こうした状況を記述するためのモデルを、「くもの巣モデル」と呼ぶ。

　くもの巣モデルの需要曲線が、

$$D_t = aP_t + b$$

供給曲線が、

$$S_t = cP_{t-1} + d$$

均衡条件が、

$$D_t = S_t$$

であるとする。ただし、D_t：t期の需要量、P_t：t期の価格、S_t：t期の供給量、a、b、c、dはパラメータである。パラメータaとcの組合せのうち、価格が発散するものはどれか。なお、選択肢のいずれのパラメータの組合せにおいても、均衡は存在するものとする。

(1)　$a = -2$、$c = -1$

(2)　$a = -2$、$c = 1$

(3)　$a = -1$、$c = 0$

(4)　$a = -1$、$c = 2$

〈難易度：A〉

　くもの巣モデルの調整過程は、市場の均衡条件

$$aP_t + b = cP_{t-1} + d \tag{1}$$

より、

$$aP_t - cP_{t-1} + (b-d) = 0 \tag{2}$$

という、一階の定差方程式として定式化される。この問題では、必ず均衡が存在するので、均衡価格をP^*とすれば均衡では、

$$aP^* + b = cP^* + d \tag{3}$$

の関係が成立する。ここで、(1)式と(3)式の差を取ると、

$$a(P_t - P^*) = c(P_{t-1} - P^*) \tag{4}$$

となるので、P_tとP_{t-1}における現実の価格と均衡価格との差をそれぞれ、

$$\Delta P_t = P_t - P^*、\quad \Delta P_{t-1} = P_{t-1} - P^*$$

と定義すれば、(4)式は $a\Delta P_t = c\Delta P_{t-1}$ と書き換えることができる。$a \neq 0$ であれば、

$$\Delta P_t = \frac{c}{a} \Delta P_{t-1} = \left(\frac{c}{a}\right)^t \Delta P_0$$

となるので、時間の経過に伴って ΔP_t が発散するための必要十分条件は、

$$\left|\frac{c}{a}\right| \geq 1$$

である。

価格は、

$a = -2$、$c = -1$ のとき $\left|\frac{c}{a}\right| = \frac{1}{2}$ より収束、

$a = -2$、$c = 1$ のとき $\left|\frac{c}{a}\right| = \frac{1}{2}$ より収束、

$a = -1$、$c = 0$ のとき $\left|\frac{c}{a}\right| = 0$ より収束、

$a = -1$、$c = 2$ のとき $\left|\frac{c}{a}\right| = 2$ より発散する。

したがって、(4)が正しい。

解　答　(4)

生産者余剰

ある財の市場需要曲線が、

$D = -6P + 8$

市場供給曲線が、

$S = 3P - 1$

とする。ここで、D は財の需要量、S は財の供給量、P は財の価格である。生産者余剰はいくらになるか。

(1) $\dfrac{1}{3}$

(2) $\dfrac{2}{3}$

(3) 1

(4) $\dfrac{4}{3}$

〈難易度：C〉

市場均衡では、需要量と供給量は等しい。

まず、均衡条件 $D=S$ に需要曲線 $(D=-6P+8)$ と供給曲線 $(S=3P-1)$ の式を代入すると、$-6P+8=3P-1$ を得る。

ついで価格 P について方程式を解くと、$9P=9$ より $P^*=1$ を得る。

このとき、

$D^*=-6P^*+8=2$

$S^*=3P^*-1=2$ となる。

供給曲線と縦軸との切片は、

$S=3P-1=0$ より、

$P=\dfrac{1}{3}$ となる。

以上より、生産者余剰は、以下で与えられる。

生産者余剰 $=\left(1-\dfrac{1}{3}\right)\times 2\times\dfrac{1}{2}=\dfrac{2}{3}$

したがって、(2)が正しい。

解　答　　(2)

社会的余剰

ある財の需要曲線と供給曲線が、次のように与えられている。

$D = -5P + 60$

$S = 3P - 28$

ただし、D：需要量、S：供給量、P：価格とする。

この市場で、取引量 1 単位当たり 8 の補助金が企業に与えられるとする。この補助金による社会的余剰の変化として、正しいものはどれか。

(1) −60

(2) −40

(3) 100

(4) 160

〈難易度：B〉

まず、補助金が与えられる前の市場均衡を分析する。均衡条件 $D=S$ に需要曲線と供給曲線の式を代入すると、$-5P+60=3P-28$ より、$P^*=11$、$D^*=S^*=5$ を得る。次に補助金が与えられた後の市場均衡を分析する。

企業に 1 単位当たり 8 の補助金を与えると、供給曲線 S' は、

$S' = 3(P+8) - 28 = 3P - 4$

にシフトする。この結果、市場均衡は、$-5P+60=3P-4$ より、

$P^{**}=8$、$D^{**}=S^{**}=20$

に変化する。このとき、次頁の図が示すように、社会的余剰の変化は $-(16-8) \times (20-5) \times \dfrac{1}{2} = -60$ となる。

したがって、(1)が正しい。

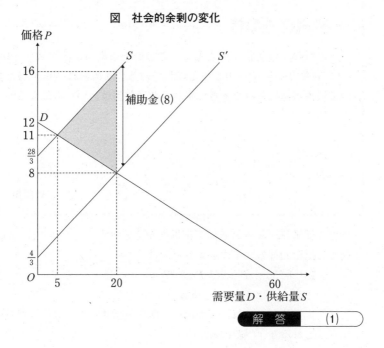

図　社会的余剰の変化

価格 P

S

S'

16

補助金(8)

D
12
11
$\frac{28}{3}$
8

$\frac{4}{3}$

O　　5　　　　20　　　　　　　　　　60

需要量 D・供給量 S

解 答　　(1)

3.
市場の均衡

課税の効率性

  ある財の市場価格を P として、この財の市場の需要が $D=-10P+150$、供給が $S=5P-30$ で与えられている。この財に1単位当たり3の従量税が課税されたときに生じる超過負担は、いくらになるか。

  (1) 15
  (2) 60
  (3) 75
  (4) 90

〈難易度：B〉

  まず、従量税が課される前の市場均衡を分析する。均衡条件 $D=S$ に需要曲線と供給曲線の式を代入すると、

   $-10P+150=5P-30$ より、

   $P^*=12$、$D^*=S^*=30$ を得る。

  次に、従量税が課された後の市場均衡を分析する。1単位当たり3の従量税が課されると、供給曲線 S' は、

   $S'=5(P-3)-30=5P-45$

にシフトする。この結果、市場均衡は、$-10P+150=5P-45$ より、

   $P^{**}=13$、$D^{**}=S^{**}=20$

に変化する。次頁の図が示すように、超過負担は、

   $3\times(30-20)\times\dfrac{1}{2}=15$ となる。

  したがって、(1)が正しい。

図　従量税による超過負担

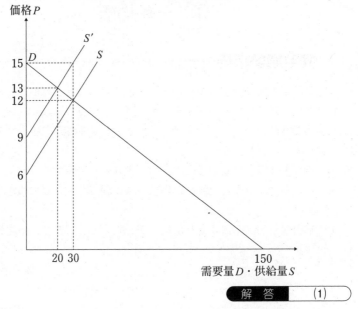

解　答　(1)

④ 一般均衡

完全競争市場

完全競争市場に関する記述のうち、正しいものはどれか。

(1) 取引の対象になる商品の売り手と買い手が多数存在し、買い手は価格受容者（プライステイカー）、売り手は価格設定者（プライスメーカー）として行動する。

(2) 売り手は取引対象商品の価格のみを考慮し行動する。

(3) 買い手は、取引対象商品の価格のみに関して完全な情報をもっている。

(4) 取引対象商品の需要量と供給量が一致するところで、市場価格が決まる。

〈難易度：C〉

完全競争市場の満たすべき性質として、通常、以下のことがあげられる。

(a) 市場には、多数の売り手と多数の買い手が存在し、すべての売り手も買い手も価格受容者（プライステイカー）として行動する。

(b) 各市場の参加者は、市場で取引されている財の価格および品質についての完全な情報をもっている。

(c) 取引には費用がかからない。

(d) 完全競争市場では、一物一価の法則が成立し、その価格で需要量と供給量とが一致している。

(1)は、上記(a)に対応していないので、誤っている。

(2)は、(b)の条件の一部を満たしていないので、誤っている。

(3)は、(b)の条件の一部を満たしていないので、誤っている。

(4)は、(d)に対応しているので、正しい。

解答 (4)

━エッジワースのボックス・ダイヤグラム━

　下図は2人の個人AとBの間でのX財とY財の交換経済における
エッジワースのボックス・ダイヤグラムである。横軸と縦軸はそれぞ
れX財とY財の量を表し、個人AとBの財の量はそれぞれ、原点 O_A
と O_B から測られるものとする。また、2人の2財の初期保有量の点
を E とする。この場合、正しいものはどれか。

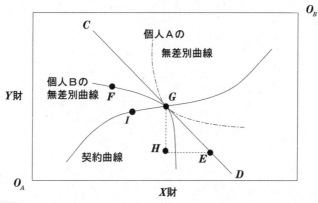

⑴　均衡において個人AはX財をEHだけ入手し、Y財をGHだけ手
　離す。
⑵　X財の価格を P_X、Y財の価格を P_Y とすると、直線 CD の傾きは
　$-\dfrac{P_Y}{P_X}$ となる。
⑶　F 点から G 点に移ることはパレート改善である。
⑷　I 点では、個人Aの限界代替率が個人Bの限界代替率より小さく
　なる。

〈難易度：B〉

　初期保有量の点が直線 CD 上にあるときの均衡点は G 点となる。均衡
において、個人AはX財を EH だけ手離し、Y財を GH だけ入手するため、
⑴は誤っている。

　X財の価格を P_X、Y財の価格を P_Y とすると、直線 CD の傾きは $-\dfrac{P_X}{P_Y}$ と
なるため、⑵は誤っている。

　F 点から G 点への移行は個人Bの効用を変えずに個人Aの効用を大き

くするから、パレート改善となる。したがって、(3)は正しい。

　*I*点は契約曲線上の点であり、個人Aと個人Bの限界代替率は等しくなるため、(4)は誤っている。

解　答　(3)

厚生経済学の基本定理

厚生経済学の基本定理に関する記述のうち、正しいものはどれか。

(1) 完全競争均衡によって決まる資源配分がパレート効率的であることを述べたものは、厚生経済学の第1基本定理と呼ばれる。

(2) 消費者の無差別曲線が原点に対して凸でないと、厚生経済学の第1基本定理は成り立たない。

(3) 不確実性が存在しても、厚生経済学の第1基本定理は成り立つ。

(4) どのようなパレート効率的な資源配分も、完全競争市場と所得税による所得再分配政策によって実現できることを述べたものは、厚生経済学の第2基本定理と呼ばれる。

〈難易度：C〉

厚生経済学の第1基本定理は、無差別曲線の形状によらない。よって、(2)は誤っている。

不確実性が存在する場合には、完全競争市場とならず、厚生経済学の第1基本定理は成り立たない。よって、(3)は誤っている。

厚生経済学の第2基本定理とは、どのようなパレート効率的な資源配分も完全競争市場と政府による一括固定税および一括補助金による所得再分配の組合せによって実現できるというものである。よって、(4)は誤っている。

完全競争均衡によって決まる資源配分がパレート効率的であることを述べたものは、厚生経済学の第1基本定理と呼ばれる。したがって、(1)が正しい。

解答　(1)

⑤　厚生

社会的厚生関数

　2人の個人 a と b の効用をそれぞれ U_a、U_b で表すものとする。この2人の個人で構成される社会の社会的厚生関数において、「最大多数の最大幸福」で知られる功利主義の考え方に基づくものとして、正しいものはどれか。ただし、W は社会の厚生水準を表すものとする。

(1)　$W = U_a U_b$

(2)　$W = min[U_a,\ U_b]$

(3)　$W = U_a + U_b$

(4)　$W = max[U_a,\ U_b]$

〈難易度：B〉

　(1)では、a の効用と b の効用の積で社会厚生の水準が表される。

　(2)では、a の効用と b の効用を比べて、低いほうの効用で社会厚生の水準が表される。

　(3)では、a の効用と b の効用の和で社会厚生の水準が表され、ベンサム型社会的厚生関数と呼ばれる。

　(4)では、a の効用と b の効用を比べて、高いほうの効用で社会厚生の水準が表される。

　したがって、(3)が正しい。

解　答　　(3)

効用可能性フロンティア

　下の図は、2つの異なる社会的状態 U、V と、各状態に対応する、個人 A、B の効用に関する効用可能性フロンティアを表している。この図の社会的状態 U と V の説明として、正しいものはどれか。

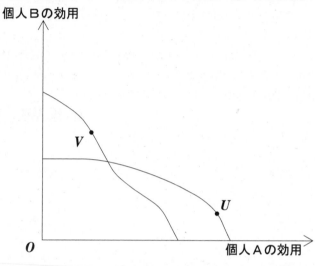

個人Bの効用

V

U

O　　　　　　　　　　　　　　　個人Aの効用

(1)　パレート基準によれば、社会的状態 U から社会的状態 V への移行は望ましい。

(2)　カルドア基準によれば、社会的状態 U から社会的状態 V への移行は望ましい。

(3)　ヒックス基準によれば、社会的状態 U から社会的状態 V への移行は望ましい。

(4)　サミュエルソン基準によれば、社会的状態 U から社会的状態 V への移行は望ましい。

〈難易度：B〉

　社会的状態 U から V への移行によって、個人 A の効用水準は低下する。あるものの効用水準が低下する場合には、パレート基準は適用できない。したがって、(1)は誤っている。

　カルドア基準は、新しい社会的状態によって利益を受ける人々が、損失

を被る人々を補償することができ、しかも元の状態よりもよりよい状態にとどまることができるならば、社会的にみて新しい状態は元の状態よりも望ましいという基準である。したがって、(2)は誤っている。

　ヒックス基準は、新しい社会的状態によって損失を被る人々が利益を受ける人々を買収して元の状態から新しい状態への移行を思いとどまらせることができないならば、社会的にみて新しい状態は元の状態よりも望ましいという基準である。したがって、(3)は正しい。

　サミュエルソン基準は、異なる効用可能性フロンティアが交差しない場合に原点からより遠い効用可能性フロンティア上の社会的状態のほうが望ましいという基準である。したがって、(4)は誤っている。

解　答　　(3)

──パレート最適性──

  パレート最適性（パレート効率性）の説明として、誤っているもの
はどれか。

(1) 貧富の差が激しい国において、低所得者の効用水準が従来のまま
   で、高所得者の効用水準を上昇させる政策の採用は、パレート改善
   である。

(2) パレート最適な資源配分の状態では、所得の公平な分配も達成さ
   れている。

(3) パレート最適性が満たされている状態で、ある経済主体の効用水
   準を高めるためには、少なくとも1つの他の経済主体の効用水準を
   低下させなくてはならない。

(4) パレート最適な資源配分は、不完全競争市場では達成することが
   できない。

〈難易度：C〉

  ある人の効用水準を変えずに他の人の効用水準を上げることはパレート
改善である。したがって、(1)は正しい。

  パレート最適性は効率性の基準で公平性の基準ではない。したがって、
(2)は誤っている。

  パレート最適性の定義どおりであるため、(3)は正しい。

  パレート最適な資源配分は厚生経済学の第1基本定理により完全競争均
衡である。したがって、(4)は正しい。

解　答　　(2)

3.
市場の均衡

⑥ リカードの比較優位

比較優位

A国とB国は、a財とb財を生産している。下記の表は、両国が2財の生産に要する生産1単位当たりの労働力単位を示したものである。このリカード・モデルに関する記述として、誤っているものはどれか。

	A国	B国
a財	50	100
b財	40	60

(1) A国は、両財の生産に絶対優位を持つ。
(2) A国は、a財の生産に比較優位を持つ。
(3) B国は、b財の生産に比較優位を持つ。
(4) 両国間に比較優位性は存在しない。

〈難易度：C〉

両財の生産に要する労働量はA国のほうが少ないため、A国は両財の生産に絶対優位を持つ。よって、(1)は正しい。

A国では、b財の生産に要する労働量がa財の0.8倍である。一方、B国では、b財の生産に要する労働量がa財の0.6倍である。したがって、A国ではa財の生産に比較優位があり、B国ではb財の生産に比較優位がある。

よって、(2)と(3)は正しい。

したがって、(4)は誤っている。

解 答　　(4)

━リカード・モデル━

　自国と外国の2国が労働のみを投入して、ともに財1と財2を生産するリカード・モデルを考える。両国で各財を1単位生産するのに投入される労働の単位数は下記の表のとおりである。

	財1	財2
自国	5	10
外国	20	15

　両国が自由貿易を行ったときに決まる自由貿易の下での両財の均衡価格比率（P_1/P_2）の範囲として、正しいものはどれか。ただし、P_jは財 j（$j = 1$，2）の価格を表す。

(1)　$\dfrac{1}{2} < \dfrac{P_1}{P_2} < \dfrac{3}{4}$

(2)　$\dfrac{1}{2} < \dfrac{P_1}{P_2} < \dfrac{4}{3}$

(3)　$\dfrac{3}{4} < \dfrac{P_1}{P_2} < 2$

(4)　$\dfrac{4}{3} < \dfrac{P_1}{P_2} < 2$

〈難易度：B〉

　財2で表した財1の機会費用は、自国では $\dfrac{1}{2}$ であり、外国のそれは $\dfrac{4}{3}$ である。これらは各国の生産可能性フロンティアの傾きの大きさに等しく、各国のアウタルキーにおける国内均衡価格比率に等しい。

　自由貿易の下での均衡価格比率は両国のアウタルキーにおける国内均衡価格比率の間に決まるので、$\dfrac{1}{2} < \dfrac{P_1}{P_2} < \dfrac{4}{3}$ である。

　したがって、(2)が正しい。

解　答　(2)

リカード・モデル

　2国が労働のみを投入して、2財を完全競争市場で生産し、自由貿易を行うリカード・モデルを考える。各国の各財の労働投入係数と労働の賦存量は、以下のようになっている。貿易開始前の閉鎖経済の下では、両国とも労働賦存量を1/2ずつ各財の生産に配分し生産・消費していたとする。自由貿易を開始して、各国が比較優位を持つ財に完全特化し貿易した場合、各財の世界全体の産出量は、貿易開始前と比較してどのように変化するか。

	財1	財2	労働賦存量
自国	1	3	120
外国	3	6	300

(1)　財1の産出量は5減少し、財2の産出量は10減少する。

(2)　財1の産出量は5増加し、財2の産出量は10増加する。

(3)　財1の産出量は10減少し、財2の産出量は5減少する。

(4)　財1の産出量は10増加し、財2の産出量は5増加する。

〈難易度：B〉

　閉鎖経済の下においては、各国ともに労働賦存量の1/2ずつを、各財の生産に配分する不完全特化状態であるので、自国の財1の産出量は60、財2の産出量は20であり、外国の財1の産出量は50で、財2の産出量は25である。

　したがって、世界全体の財1の産出量は60+50＝110、財2は20+25＝45となる。自由貿易を開始すると、各国は比較優位を持つ財に完全特化する。自国は財1に完全特化し、財1を120生産する。外国は財2に完全特化するので、財2を50生産する。したがって、世界全体の各財の産出量は貿易開始前と比較すると、財1は10、財2は5増加する。したがって、(4)が正しい。

解　答　(4)

⑦　ヘクシャー＝オリーン・モデル

ヘクシャー＝オリーン・モデル

　2国（自国と外国）・2財（財1と財2）・2生産要素（資本と労働）からなる、ヘクシャー＝オリーンの貿易モデルを考える。両国の生産技術は等しく、両財の市場はともに完全競争市場であり、自国は労働豊富国であり外国は資本豊富国である。この2国が自由貿易を行ったとする。下図の A 点と B 点は、それぞれ自国の閉鎖経済と自由貿易の下における自国の生産点を表している。また、C 点は、自由貿易下における消費点を表している。PP は自国の生産可能性フロンティアであり、W_0W_0、W_1W_1 は社会的無差別曲線である。この図の説明として、正しいものはどれか。

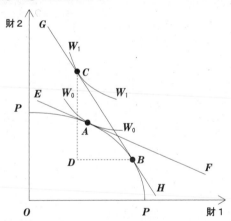

(1)　財1は資本集約財で財2は労働集約財である。

(2)　自由貿易の下で、資本集約財の相対価格は自国の貿易前と比べて下落している。

(3)　自国は財1を BD だけ輸入し、財2を CD 輸出している。

(4)　自国は自由貿易により厚生が低下した。

〈難易度：B〉

ヘクシャー＝オリーン理論では、資本（労働）豊富国は資本（労働）集約財に比較優位を持ち、自由貿易均衡では、資本（労働）集約財を輸出する。図より自国の閉鎖経済均衡点は A 点で、均衡相対価格は EF の傾きの大きさで、その厚生水準は W_0W_0 で示されている。自由貿易の下では生産点は B 点、消費点は C 点で、自国は財 1 を BD だけ輸出し、財 2 を CD だけ輸入しており、厚生水準は W_1W_1 である。したがって、(3)は誤っている。

　相対価格は GH の傾きの大きさで表されている。自国は財 1 を輸出しているので財 1 は労働集約財、財 2 は資本集約財であることがわかる。したがって、(1)は誤っている。

　自由貿易の下で財 1 すなわち労働集約財の相対価格は上昇し、財 2 すなわち資本集約財の価格は下落する。したがって、(2)は正しい。

　自国が輸出する財 1 の相対価格が上昇することから、自国は貿易利益を得ていることがわかる。したがって、(4)は誤っている。

解　答　　(2)

4. 不完全市場・ゲーム理論

① 公共財

純粋公共財

公共財の性質としては、消費の非排除性（対価を支払わない人をその財・サービスの消費から排除することができない）と消費の非競合性（ある人がその財・サービスを消費することによって、他の人の消費量が減少することがない）があげられる。純粋公共財は、これら2つの性質をともに満たす財・サービスとして定義される。この純粋公共財と考えられるものは次のうちどれか。

(1) ケーブルテレビ

(2) 空いている高速道路

(3) 国の防衛

(4) 海洋資源

〈難易度：C〉

(1)：ケーブルテレビは、料金を支払わないと視聴できないので非排除性を満たさない。一方、ある人が新たに契約したからといって他の誰かがケーブルテレビを見られなくなったりはしないので、非競合性は満たされる。

(2)：高速道路は料金を支払わないと利用できないので非排除性を満たさない。一方、仮定より道路が空いているため、ある人が利用したからといって別の人の受け取る道路サービスの価値は下がらないので非競合性は満たされる。

(3)：純粋公共財と考えられる。

(4)：魚などの海洋資源は、海岸線も長く、資源を消費する人すべてに料金の支払いを要求することは不可能であるので非排除性は満たされる。一

方、資源は有限なので、ある人が資源の消費をすると別の人の消費できる量は減る。よって、非競合性は満たされない。

解　答　(3)

公共財の最適供給

2人の消費者 A、B の存在する社会を考える。公共財に対する消費者 A、B の限界評価曲線（需要曲線）は、

消費者 A : $P_A = 100 - 2Q_A$

消費者 B : $P_B = 80 - 3Q_B$

である。ここで、P_A：消費者 A の限界評価、Q_A：消費者 A の需要量、P_B：消費者 B の限界評価、Q_B：消費者 B の需要量である。また、この公共財の生産に要する限界費用は、

$MC = 4Q$

である。ここで、MC：限界費用、Q：供給量である。このとき、パレート最適を実現するための公共財の最適供給量として、正しいものはどれか。

(1) 15

(2) 20

(3) 25

(4) 30

〈難易度：B〉

公共財の需給が一致する場合、$Q = Q_A = Q_B$ となる。このとき、公共財の供給量について、各消費者の限界評価の合計が限界費用に一致する状況においてパレート最適が実現される。この条件はサミュエルソン条件とも呼ばれる。

この問題において、2人の消費者の公共財への限界評価の合計は公共財の供給量 Q の関数として $P_A + P_B = 180 - 5Q$ と与えられる。一方、公共財供給の限界費用は $MC = 4Q$ である。したがって、サミュエルソン条件は $180 - 5Q = 4Q$ と表せ、この式を満たす公共財の供給量は $Q = 20$ である（なお、この状況において両家計の公共財への限界評価は $P_A = 60$、$P_B = 20$ となり、ともにプラスになっている）。

解答 (2)

──リンダール均衡──

一種類の私的財と一種類の公共財が存在する経済を考える。この経済には消費者Aと消費者Bの2人しかいない。A、Bが私的財を消費する量をそれぞれ m_A、m_B とする。また、A、Bが公共財を消費する量を x とする。消費者A、Bの効用関数はそれぞれ、

$$u_A(x,\ m_A) = 2\sqrt{x} + m_A$$

$$u_B(x,\ m_B) = xm_B$$

である。また、私的財で測った公共財の費用関数は以下のように与えられている。

$$C(x) = 3x$$

初期の段階において公共財は存在せず、また消費者A、Bはそれぞれ12単位と8単位の私的財を持っているとする。公共財を生産する費用のうち、消費者Aの負担率を θ、消費者Bの負担率を $1-\theta$ としたとき、リンダール均衡における θ の値を求めなさい。ここで $0 \le \theta \le 1$ とする。

(1) 1/5

(2) 1/4

(3) 1/3

(4) 1/2

〈難易度：A〉

私的財で測った消費者Aの予算制約式は $m_A + \theta C(x) = 12$、つまり $m_A + 3\theta x = 12$ である。

消費者Aは予算制約式の下で効用 $u_A(x,\ m_A)$ を最大にする。効用関数に予算制約式を代入することで $u_A = 2\sqrt{x} - 3\theta x + 12$ となり、これを公共財の消費量 x について最大化することを考える。一階条件は $\frac{1}{\sqrt{x}} - 3\theta = 0$ となるから、$x = \frac{1}{9\theta^2}$ となる。このとき $m_A = 12 - \frac{1}{3\theta}$ となる。

同様に、消費者Bの予算制約式は $m_B + (1-\theta)C(x) = 8$、つまり $m_B + 3(1-\theta)x = 8$ である。

消費者Bは予算制約式の下で効用 $u_B(x,\ m_B)$ を最大にする。効用関数に予算制約式を代入することで $u_B = x(8 - 3(1-\theta)x)$ となり、これを公共財の

消費量 x について最大化すると $x = \dfrac{4}{3(1-\theta)}$ となる。このとき $m_B = 4$ となる。

　均衡において、公共財消費量は消費者 A と B とで同じになるから $\dfrac{1}{9\theta^2} = \dfrac{4}{3(1-\theta)}$ となる。

　式を整理して $12\theta^2 + \theta - 1 = 0$、つまり $(4\theta-1)(3\theta+1) = 0$ となる。$0 \leq \theta \leq 1$ より $\theta = 1/4$ となる。

解　答　(2)

② 外部性

外部性

　ある競争市場において、生産すると負の外部性を財 1 単位当たり t だけ発生させる企業を考える。この企業の私的限界費用 *PMC*、社会的限界費用 *SMC*、そしてこの企業が生産する財に対する需要曲線 *D* が下記の図で表されるとする。この企業が外部不経済を無視して行動した場合と、政府が財 1 単位当たり t のピグー税を課してパレート最適を達成した場合を比較する。

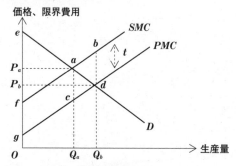

　次の記述のうち、正しいものはどれか。

(1)　企業が外部性を無視した場合の均衡における社会的余剰は $\triangle dge$ であり、この均衡はピグー税を課した場合の均衡に比べ $\triangle abd$ だけ社会的余剰が少ない。

(2)　企業が外部性を無視した場合の均衡における社会的余剰は $\triangle aef$ であり、この均衡はピグー税を課した場合の均衡に比べ $\triangle abd$ だけ社会的余剰が少ない。

(3)　企業が外部性を無視した場合の均衡における取引量は Q_a であり、この均衡はピグー税を課した場合の均衡に比べ $\triangle adc$ だけ社会的余剰が少ない。

(4)　企業が外部性を無視した場合の均衡における取引量は Q_b であり、この均衡はピグー税を課した場合の均衡に比べ $\triangle abd$ だけ社会的余剰が少ない。

　企業が外部性を考慮せずに行動する場合、私的限界費用 PMC と価格が等しくなるように生産量を決定するので、市場均衡は d 点である。そして均衡における取引量は Q_b である。このとき、消費者余剰と生産者余剰の和は $\triangle edg$ であるが、外部不経済により□$fbdg$ だけの余剰の損失が発生する。よって、この場合の総余剰は $\triangle eaf - \triangle abd$ である。

　一方、財1単位当たり t のピグー税を課した場合、企業の認識する限界費用は SMC であるので、市場均衡は a 点である。そして取引量は Q_a である。この均衡における社会的余剰は $\triangle eaf$ であり、この状況で総余剰が最大化されている。

　したがって、(4)が正しい。

解　答　　(4)

市場機構の限界

　ある企業の生産活動が大気を汚染し、それによって周辺住民の健康に悪い影響を及ぼすことが企業と周辺住民の間で知られているとする。企業の各生産量と企業の利潤、そして住民の健康被害の金銭的評価との関係は下表のとおりである。企業と周辺住民の間で、住民の健康被害に対する企業の補償について交渉が行われるとき、コースの定理が成立するならばこの企業の生産量は表の中のどの生産量となるか。ただし、企業と周辺住民との間の交渉に費用はかからないものとする。

企業の生産量	企業の利潤	住民の健康被害
10	300	120
20	500	240
30	600	360
40	650	480

(1)　10

(2)　20

(3)　30

(4)　40

〈難易度：B〉

　コースの定理によれば、経済主体間の交渉に費用がかからない場合、外部不経済の発生者とその影響を受けるものとの間で被害の補償について交渉を行うことにより、社会的便益を最大にする状態を実現できる。

　この問題ではコースの定理が成立することが前提となっているため、社会的便益が最大になっている状況が実現される。

　問題の例において、社会的便益は企業の利潤から住民の健康被害（の金銭的価値）を除いたものである。企業の生産量が10、20、30、40のときの社会的便益はそれぞれ$300-120=180$、$500-240=260$、$600-360=240$、$650-480=170$であるので、生産量水準が20のときに社会的便益が最大（260）となる。したがって、(2)が正解である。

解　答　　(2)

生産の外部不経済

　生産の外部不経済が存在する経済において、企業Aと企業Bの費用関数が次のように表されるものとする。

$$C_A = q_A^2$$
$$C_B = q_B^2 + q_A q_B$$

　ただし、C_A：企業Aの総費用、C_B：企業Bの総費用、q_A：企業Aの生産量、q_B：企業Bの生産量である。また、企業Aの生産する財の価格が80、企業Bの生産する財の価格が70であるとする。このとき、各企業がそれぞれ、相手企業の生産量を所与として利潤最大化を行っている状態から、両企業の利潤の合計が最大化されている状態に移行するために、企業Aが減らさなければならない生産量として、正しいものはどれか。

(1)　10
(2)　12
(3)　15
(4)　20

〈難易度：A〉

　まず、企業A、Bがそれぞれ利潤最大化を行っている場合の各企業の生産量を求める。企業Aの利潤を π_A とすると、

$$\pi_A = 80q_A - q_A^2$$

であるので、利潤最大化条件は、

$$\frac{\partial \pi_A}{\partial q_A} = 80 - 2q_A = 0$$

である。したがって、企業Aの最適生産量は、$q_A = 40$ である。

　次に、企業A、Bが共同の利潤を最大化するように行動する状況を考える。企業A、Bの共同利潤を π_{AB} とすると、

$$\pi_{AB} = 80q_A + 70q_B - q_A^2 - (q_B^2 + q_A q_B)$$

となる。このとき企業A、Bの最適生産量は、

$$\frac{\partial \pi_{AB}}{\partial q_A} = 80 - 2q_A - q_B = 0$$
$$\frac{\partial \pi_{AB}}{\partial q_B} = 70 - 2q_B - q_A = 0$$

をともに満たす。したがって、共同の利潤を最大化する場合の企業A、B

の生産量は、

$$q_A = 30$$

$$q_B = 20$$

である。

　以上から、企業Aが生産量を10(=40−30)減らすことによってパレート最適を実現できる。

解　答　　(1)

③ 独占1

独占の価格決定

ある独占企業が生産する量を X、その価格を P とする。また、この企業の直面する需要関数を $X = 200 - 4P$、総費用関数 C を $C = X^2$ とする。このとき、独占利潤を最大にする生産量として、正しいものはどれか。

(1) 20

(2) 30

(3) 40

(4) 50

〈難易度：C〉

需要曲線の式 $X = 200 - 4P$ より逆需要曲線、つまり価格を需要量で表現した式は、

$$P = \frac{200 - X}{4}$$

と表せる。よって、独占利潤 π は生産量 X の2次関数として、

$$\pi = PX - C = \left(\frac{200 - X}{4}\right) X - X^2 = -\frac{5}{4}X^2 + 50X$$

と表せる。これを X について最大化する。ここで $\frac{d\pi}{dX} = -\frac{5}{2}X + 50$ であり、利潤を最大にする X の値は $\frac{d\pi}{dX} = 0$ を満たすので $X = 20$ となる。

なお、限界収入 MR と限界費用 MC が等しくなるとおいても利潤を最大にする生産量を求めることができる。この場合、企業の収入は $R = PX = \left(\frac{200 - X}{4}\right) X$ であるから、限界収入は $MR = \frac{dR}{dX} = -\frac{1}{2}X + 50$ である。一方、費用は $C = X^2$ であるから、限界費用は $MC = \frac{dC}{dX} = 2X$ である。$MR = MC$ より、$X = 20$ となる。

解 答　(1)

独占企業の費用の性質

　財 Y を生産する企業を考える。この企業の費用関数を $TC = 4y + 2$ とする。ここで y は財 Y の生産量である。財 Y の価格を P としたとき、この財の需要関数は $D = 12 - P$ として与えられる。次の記述のうち、正しいものはどれか。

(1)　この企業は費用逓増産業の一種である。

(2)　生産量が 6 のとき、平均費用は最小になる。

(3)　この企業の限界費用は 3 である。

(4)　この企業が独占企業として利潤最大化をするとき、最大化された利潤は14である。

〈難易度：C〉

　この財の平均費用を AC、限界費用を MC、限界収入を MR としたとき、これらの値はそれぞれ生産量 y の関数として、

$$AC = 4 + \frac{2}{y}、\quad MC = 4、\quad MR = 12 - 2y$$

と表せる。平均費用は生産量 y の減少関数であるため、この企業は費用逓増産業ではなく費用逓減産業に含まれる。よって、(1)も(2)もともに誤りである。

　$MC = 4$ であるから、限界費用を 3 とした(3)も誤りである。

　独占企業が利潤を最大にする場合、限界収入 MR が限界費用 MC に等しいところで生産量が決まるため、$12 - 2y = 4$ より $y = 4$ となる。このとき価格は $P = 12 - y = 8$、収入は $Py = 32$、費用は $TC = 4y + 2 = 18$ であるので、利潤は $32 - 18 = 14$ となる。したがって、(4)は正しい。

解　答　　(4)

④　独占2

━自然独占━

　下図は、費用逓減産業に属するある独占企業の需要曲線 D、平均費用曲線 AC、限界費用曲線 MC、限界収入曲線 MR を示したものである。この場合、正しいものはどれか。

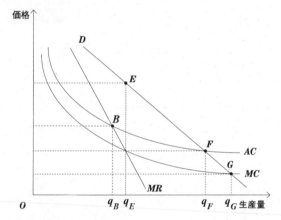

(1)　限界費用価格形成原理に従った場合には、生産量は q_E となり、このとき社会的厚生が最大になる。

(2)　限界費用価格形成原理に従った場合には、生産量は q_G となり、このとき企業の利潤は正となる。

(3)　平均費用価格形成原理に従った場合には、生産量は q_B となり、このとき社会的厚生が最大になる。

(4)　平均費用価格形成原理に従った場合には、生産量は q_F となり、このとき企業の利潤は 0 となる。

〈難易度：B〉

　独占企業が限界費用価格形成原理に従った場合、価格 P を限界費用 MC に一致させる。この場合、生産量は限界費用曲線と需要曲線の交点により決定される。つまり q_G となる。したがって、(1)は誤りである。

また、このとき利潤は生産量 q と(価格 P −平均費用 AC)の積 $q(MC-AC)$ として計算される。図より限界費用が平均費用を下回っている。よって、この場合の企業の利潤は負となる。したがって、⑵は誤りである。

　一方、この独占企業が平均費用価格形成原理に従った場合、価格 P を平均費用 AC に一致させる。この場合、生産量は平均費用曲線と需要曲線の交点により決定される。つまり q_F となる。したがって、⑶は誤りである。

　このとき、価格は平均費用と等しいので利潤はゼロとなる。したがって、⑷は正しい。

解　答　　⑷

ラーナーの独占度

独占企業を考える。財の生産量が Q のときのこの企業の費用関数が $\frac{1}{2}Q^2$ で与えられている。需要関数を $P = 12 - Q$ とする。ただし、P はこの財の価格である。独占均衡におけるラーナーの独占度はいくらになるか。

(1) $\dfrac{1}{4}$

(2) $\dfrac{1}{3}$

(3) $\dfrac{1}{2}$

(4) $\dfrac{2}{3}$

〈難易度：B〉

価格を P、限界費用を MC としたとき、完全競争市場においては両者の値は一致する。そして独占の度合いが高いほど、P の値は MC と乖離する。ラーナーの独占度 m は P、MC を用いて、

$$m = 1 - \frac{MC}{P}$$

と表せる。独占均衡において限界収入 MR は MC と一致する。ここで $MR = 12 - 2Q$ であり、かつ $MC = Q$ であるから、独占均衡における供給量は $MR = MC$ より $Q = 4$ となる。このとき $MC = 4$、そして $P = 12 - Q = 8$ となるから独占度は、

$$1 - \frac{MC}{P} = 1 - \frac{4}{8} = \frac{1}{2}$$

となる。

解　答　　(3)

屈折需要曲線

　下図は、寡占市場で行動する企業の屈折需要曲線 ABC と限界収入曲線 MR_1、MR_2 を表している。限界費用は生産量によらず一定であるとするとき、正しいものはどれか。

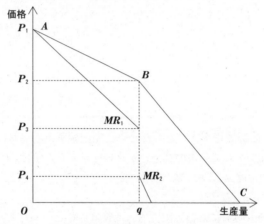

(1)　限界費用が P_1 と P_2 の間の水準で上昇する場合には、当該企業の生産量は増加する。

(2)　限界費用が P_2 と P_3 の間の水準で上昇する場合には、価格は P_2 で変化しない。

(3)　限界費用が P_3 と P_4 の間の水準で上昇する場合には、生産量は q のまま変化しない。

(4)　限界費用が P_4 よりも低い場合には、生産量は q よりも小さい。

〈難易度：C〉

(1)：価格が P_2 よりも高い場合には、需要曲線が緩やかになっている。これは他企業が価格引き上げに追随しないからである。限界費用が P_1 と P_2 の間の水準で変化する場合には、当該企業の最適価格が上昇する。そして生産量は減少する。したがって、(1)は誤りである。

(2)：限界費用が P_2 と P_3 の間の水準で上昇する場合には、生産量は q より
　　も小さくなり、価格は P_2 よりも高くなる。したがって、(2)は誤りである。

(3)：限界費用が P_3 と P_4 の間の水準で変化する場合には、限界費用が変化
　　しても生産量は q のまま変化しない。したがって、(3)は正しい。

(4)：限界費用と限界収入曲線の交点における生産量が q よりも大きくなる。
　　したがって、(4)は誤りである。

解　答　　(3)

独占的競争

　下記のグラフは独占的競争下の企業の長期均衡を表している。**D** は需要曲線、**MR** は限界収入曲線、**AC** は平均費用曲線、**MC** は限界費用曲線である。この均衡における価格はいくらか。

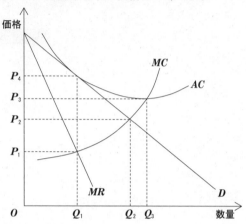

(1)　P_1

(2)　P_2

(3)　P_3

(4)　P_4

〈難易度：C〉

　独占的競争下において、企業はその生産する財について独占企業の立場で供給する。したがって、利潤を最大化している状況において限界収入（*MR*）と限界費用（*MC*）が等しくなるように供給量を決める。したがって、この長期均衡における企業の生産量は Q_1、そして価格は P_4 となる。なお、独占的競争の市場において、その財と類似した財を生産する企業も存在し、そういった企業の参入が増えるにつれて需要が減少し、需要曲線が左にシフトする。そして長期均衡においては平均費用曲線が需要曲線と接するようになる。この状況で価格は平均費用に一致し、利潤はゼロになる。

解　答　　（4）

クールノー競争

ある市場において、企業 A、企業 B という 2 つの企業がクールノー競争を行っている。市場における逆需要関数が

$$P = 46 - (x_A + x_B) \quad [P：価格、x_i：企業 i の生産量（i = A,\ B）]$$

であり、各企業の費用関数はそれぞれ、

$$C_A = (x_A)^2 \quad [C_A：企業 A の生産費用]$$

$$C_B = 2(x_B)^2 \quad [C_B：企業 B の生産費用]$$

であるとき、この市場の均衡において企業 A が生産する量 x_A はいくらか。

(1) 8

(2) 10

(3) 12

(4) 14

〈難易度：B〉

企業 A の利潤を π_A とすると、この値は価格 P や費用関数 C_A を用いて $\pi_A = P x_A - C_A$ と表せる。この式に逆需要関数や費用関数の式を代入すると、

$$\pi_A = (46 - x_A - x_B) x_A - (x_A)^2$$

という式を得る。同様に、企業 B の利潤を π_B とすると、この値は、

$$\pi_A = (46 - x_A - x_B) x_B - 2(x_B)^2$$

として表せる。クールノー均衡において、各企業は相手企業の生産量を所与として、自らの生産量を選んで利潤を最大にする。よって、均衡においては以下の 2 つの式が成立する。

$$\frac{\partial \pi_A}{\partial x_A} = 46 - x_B - 4x_A = 0$$

$$\frac{\partial \pi_B}{\partial x_B} = 46 - x_A - 6x_B = 0$$

両式を x_A、x_B についての連立方程式として解くと、$x_A = 10$、$x_B = 6$ を得る。

解　答　(2)

複占

　下の図は、企業 A と企業 B の等利潤曲線と反応曲線をそれぞれ示したものである。ここで、図においてクールノー均衡を示す点を X、企業 A を先導者、企業 B を追随者としたときのシュタッケルベルク均衡を示す点を Y とする。X、Y はそれぞれどれか。

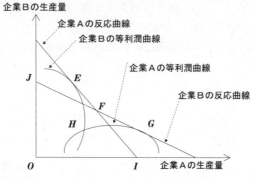

(1)　X=F、Y=E

(2)　X=F、Y=G

(3)　X=H、Y=E

(4)　X=H、Y=G

〈難易度：B〉

　反応曲線とは、相手企業の数量が与えられたとき、自らの利潤を最大にするような生産量を示したものである。クールノー競争においては、互いの企業が相手の数量を所与にして利潤を最大にする。したがって、クールノー均衡を示す点は両企業の反応曲線の交点であり、図における点 F がその均衡点である。一方、シュタッケルベルク競争において先導者は、追随者の反応曲線を所与として利潤を最大にするように生産量を決める。よってシュタッケルベルク均衡を示す点は、追随者の反応曲線上において、先導者の等利潤曲線と接するような点である。問題においては企業 A を先導者、企業 B を追随者としているので均衡点は G である。

解　答　　(2)

⑥ 不確実性

不確実性下での最適行動

ある個人の効用関数は次で与えられる。

$$U = \sqrt{Y}$$

ただし、U：効用、Y：所得である。この個人は変動賃金契約と固定賃金契約のどちらか一方を選ぶとする。この個人が変動賃金契約を受け入れる場合、確率80％で400万円、確率20％で900万円の所得を得ることが期待できる。他方、この個人が固定賃金契約を受け入れれば、一定額の所得が確実に支払われる。この個人は、フォン・ノイマン＝モルゲンシュテルンの期待効用仮説に従って行動する。この場合、この個人が受け入れる固定賃金契約の最低額として、正しいものはどれか。

(1) 484万円

(2) 500万円

(3) 516万円

(4) 532万円

〈難易度：C〉

問題文にある変動賃金契約から得られる期待効用は、

$$E[U] = 0.8U(400 \times 10,000) + 0.2U(900 \times 10,000)$$
$$= 0.8\sqrt{400 \times 10,000} + 0.2\sqrt{900 \times 10,000} = 2,200$$

である。一方、所得額が Y の固定賃金契約から得られる効用は$\sqrt{Y}$である。期待効用仮説に従うこの個人が固定賃金契約を受け入れる条件は固定賃金契約から得られる効用が変動賃金からの期待効用と等しい、あるいはそれを上回るということである。これを不等式で表すと、

$$2,200 \leq \sqrt{Y} \leftrightarrow Y \geq 4,840,000$$

となり、この不等式を満たす Y の最低の値は、固定賃金からの効用と変動賃金からの効用が等しくなるような Y の値である484万円である

なお、変動賃金契約から得る期待所得は500万円であるが、この個人は

危険回避的なので、500万円を確実に得られるような賃金契約からの効用
は、変動賃金契約からの期待効用を超えてしまうため、(2)は誤りである。

解　答　(1)

不確実性と情報

　ある個人が所得 x から受ける効用 u の大きさは、次の効用関数により表されるものとする。

$$u = \sqrt{x}$$

　この人の所得は不確実で、60％の確率で100、そして40％の確率で25になる。この人の意思決定は、期待効用仮説に従うとする。このとき、正しいものはどれか。

(1)　この人は危険愛好的なので、このような不確実な所得の受け取り方のほうが、その期待値の額だけを所得として確実に受け取るより好ましいと考える。

(2)　この不確実な所得から受けるこの人の期待効用は、期待所得70から得られる効用の大きさ $\sqrt{70}$ に等しい。

(3)　この人がもし期待所得に等しい額を所得として確実に受け取るならば、この不確実な所得と無差別になる。

(4)　この場合の確実性等価は64、そしてリスクプレミアムは6となる。

〈難易度：B〉

　この効用関数はその2階微分 $u''(x) = -0.25x^{-\frac{3}{2}} < 0$ が負であるので凹関数である。したがってこの個人は危険愛好的ではなく、危険回避的である。確かに、問題にある不確実な所得から得られる期待効用は、

$$0.6u(100) + 0.4u(25) = 0.6\sqrt{100} + 0.4\sqrt{25} = 8$$

であり、この値は期待所得、

$$0.6 \times 100 + 0.4 \times 25 = 70$$

を確実に得られる場合の効用 $\sqrt{70} \cong 8.2 > 8$ を下回っている。したがって、(1)、(2)、(3)とも誤りである（無差別とは効用水準が同じという意味である）。

　確実性等価とは不確実な所得から得られる期待効用と同じ効用8を実現させる所得の値であり、この値は $u(x) = 8$ を満たす x、つまり64に等しい。そしてリスクプレミアムは期待所得と確実性等価との差6であるから、(4)は正しい。

解　答　(4)

ゲーム理論：ナッシュ均衡

　プレーヤーAとプレーヤーBによる同時手番ゲームを考える。プレーヤーAがとる戦略をA_1、A_2、プレーヤーBがとる戦略をB_1、B_2、B_3とする。各プレーヤーの戦略の選択に応じた利得は、下表に示されているとおりである。なお、カッコ内の左の数値がプレーヤーAの利得を、そして右の数値がプレーヤーBの利得をそれぞれ表している。

　このゲームにおいてナッシュ均衡に対応する利得の組を説明する以下の文章の中で正しいものはどれか。なお、この問題では純粋戦略のみを考えるものとする。

A＼B	B_1	B_2	B_3
A_1	（6，4）	（4，3）	（8，5）
A_2	（7，3）	（6，5）	（3，4）

⑴　ナッシュ均衡に対応する利得の組は、（6，4）のみである。

⑵　ナッシュ均衡に対応する利得の組は、（7，3）のみである。

⑶　ナッシュ均衡に対応する利得の組は、（4，3）のみである。

⑷　ナッシュ均衡に対応する利得の組は、（6，5）と（8，5）のみである。

〈難易度：C〉

　このゲームの場合、プレーヤーBが戦略B_1をとる場合、プレーヤーAは戦略A_2をとるのが最適反応となる。同様に、Bが戦略B_2をとる場合、Aは戦略A_2を、そしてBが戦略B_3をとる場合、Aは戦略A_1をとるのが最適反応となる。一方、Aが戦略A_1をとる場合、Bは戦略B_3を、そしてAが戦略A_2をとる場合、Bは戦略B_2をとるのが最適反応となる。この最適反応を利得表において□印で示したものが次頁の表になる。

		B		
		B_1	B_2	B_3
A	A_1	(6, 4)	(4, 3)	(⑧, ⑤)
	A_2	(⑦, 3)	(⑥, ⑤)	(3, 4)

　この表からわかるように、ナッシュ均衡となる戦略の組は $(A_2,\ B_2)$ と $(A_1,\ B_3)$ の2つあり、したがって利得の組も（6，5）と（8，5）の2組ある。

解　答　　(4)

ゲームの理論：囚人のジレンマ

　企業 A、B の利得表が以下のように与えられている。利得表のカッコ内の左の数字は企業 A の利得、右の数字は企業 B の利得を表している。ただし、企業 A、B は純粋戦略をとるものとする。

		企　業　B	
		戦略 1	戦略 2
企業 A	戦略 I	(10，2)	(5，4)
	戦略 II	(8，6)	(3，9)

このとき、正しいものは次のうちどれか。

⑴　ナッシュ均衡は（戦略 I，戦略 1）であり、その状態はパレート最適である。

⑵　ナッシュ均衡は（戦略 I，戦略 2）であり、その状態はパレート最適ではない。

⑶　ナッシュ均衡は（戦略 II，戦略 1）であり、その状態はパレート最適である。

⑷　ナッシュ均衡は（戦略 II，戦略 2）であり、その状態はパレート最適ではない。

〈難易度：B〉

　囚人のジレンマゲームである。企業 A は、企業 B が戦略 1、2 のいずれをとったとしても、戦略 I をとるほうが利得が高い。一方、企業 B は、企業 A が戦略 I、II のいずれをとったとしても戦略 2 をとるほうが利得が高い。つまり、戦略 I は企業 A にとっての、そして戦略 2 は企業 B にとっての支配戦略となる。したがって、ナッシュ均衡は、（戦略 I，戦略 2）である。しかし、この均衡での利得の組は（5，4）であり、両企業にとってより高い利得（8，6）が存在する。したがって、ナッシュ均衡はパレート最適ではない。

解　答　⑵

ゲーム理論：マックスミニ原理

　プレーヤーAとプレーヤーBが、それぞれ2種類の戦略（戦略1、戦略2）を持つゼロサムゲームを考える。このゲームの利得表は、下表のように与えられる。ここで利得表における数はAの利得を示す。以下では両プレーヤーが混合戦略をとる場合を考える。

　プレーヤーAとプレーヤーBとも相手の戦略に対する情報をまったく持たない状況で、マックスミニ戦略をとるとする。このときプレーヤーAの期待利得（マックスミニ値）はいくらになるか。

プレーヤーA ＼ プレーヤーB	戦略1	戦略2
戦略1	18	6
戦略2	−6	12

(1)　8.0

(2)　8.4

(3)　8.8

(4)　9.2

〈難易度：A〉

　ここではゼロサムゲームを考えているので、利得表においてプレーヤーBの利得はプレーヤーAの利得に−1をかけたものである。混合戦略において、プレーヤーA、Bが戦略1をとる確率をそれぞれp、qとする。ここで$0 \leq p \leq 1$かつ$0 \leq q \leq 1$である。この場合、プレーヤーA、Bが戦略2をとる確率はそれぞれ$1-p$、$1-q$である。このとき、プレーヤーAの期待利得をaとすると、

$$a = 18pq + 6(1-q)p - 6(1-p)q + 12(1-p)(1-q)$$

である。ここで、この式をqについてまとめると、

$$a = q(30p - 18) - 6p + 12$$

となる。マックスミニ原理によれば、プレーヤーは、相手が自分にとって最も利得を下げる戦略を選ぶ場合を考え、この場合の自身の利得を最大にするように戦略を選ぶ。ここでもし$30p - 18 \leq 0$つまり$p \leq 0.6$なら$q = 1$のと

き利得は最小になり、このときの式は、

$$a = 24p - 6$$

となる。一方、$30p - 18 \geq 0$ つまり $p \geq 0.6$ なら $q = 0$ のとき利得は最小になり、このときの式は、

$$a = -6p + 12$$

となる。したがって、a は p の関数として表したとき、逆 V 字型の形をとり、$p = 0.6$ のときに利得が最大になる。よって、プレーヤーA は $p = 0.6$ を選ぶ。このときの利得は $a = -6 \times 0.6 + 12 = 8.4$ である。

解　答　(2)

⑧　展開型ゲーム

展開型ゲーム

　下図は、プレーヤーAとプレーヤーBに関する展開型ゲームのゲームの木を表している。プレーヤーAが最初に行動を選択し、次いでプレーヤーBが行動を選択し、最後に再びプレーヤーAが行動を選択する。プレーヤーAの行動は α_{ij}（$i, j = 1, 2$）、プレーヤーBの行動は β_j（$j = 1, 2$）で表され、まずプレーヤーAが行動 α_{11}、α_{12} の選択を行う。次いで、プレーヤーBが β_1、β_2 の行動の選択を行い、最後にプレーヤーAが再び α_{21}、α_{22} の行動の選択を行う。このときの利得の組はカッコ内の数値で（プレーヤーAの利得、プレーヤーBの利得）と表されている。このとき、このゲームの帰結として生じる利得の組として、正しいものはどれか。

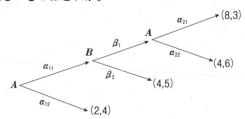

(1)　（2，4）
(2)　（4，5）
(3)　（8，3）
(4)　（4，6）

〈難易度：B〉

　解法は、逆向きの帰納法と呼ばれる方法による。プレーヤーAの α_{21}、α_{22} の行動の選択をまず考える。この場合、プレーヤーAは利得が8となる α_{21} を選択する。次いでプレーヤーBの β_1、β_2 の選択を検討する。プレーヤーBが β_1 を選択すれば次にプレーヤーAが α_{21} を選択し、プレーヤーBの利得が3となる。他方、プレーヤーBが β_2 を選択すればプレーヤーBの

利得は5となる。よって、プレーヤーBはβ_2を選択する。最後にプレーヤーAの最初の段階での行動を検討する。α_{11}を選択すればプレーヤーBはβ_2を選択し、プレーヤーAの利得は4となる。他方、α_{12}を選択すれば利得は2となるので、プレーヤーAはα_{11}を選択する。したがって、このゲームでは、プレーヤーAがα_{11}を選択し、そしてプレーヤーBがβ_2を選択して終わると考えられる。そのときの利得の組は（4，5）である。

解　答　　(2)

マクロ経済学

1. 経済統計・学説

① 国民所得統計(支出面)関係

国内総生産

以下の国内総生産に関する記述のうちで、誤っているものはどれか。

(1) 農家が自ら作って消費した作物でも国内総生産に算入される。

(2) 行政サービスのような市場で取引されず価格が付かないサービスは国内総生産に算入されない。

(3) 社宅に無料で住まわせてもらうといった会社員の現物給付は国内総生産に算入される。

(4) 家庭内での家事・育児といった労働は国内総生産に算入されない。

〈難易度：C〉

行政サービスは市場では取引されていないが、公務員の給料などそのサービスを提供するうえでかかった費用が政府最終消費支出として国内総生産に算入される。

したがって、(2)は誤りである。

解　答　(2)

国内総生産とGDPデフレーターの関係

国内総生産と GDP デフレーターに関する以下の記述のうちで、正しいものはどれか。

(1) 数量が変化しない中、輸入財の価格のみが上昇すると GDP デフレーターは低下する。

(2) 最終財の価格や数量が変化しない中で中間投入財の価格が上昇すると GDP デフレーターは上昇する。

(3) GDP デフレーターで測ったインフレ率がマイナスのとき、名目 GDP 成長率は実質 GDP 成長率を上回る。

(4) 実質 GDP 成長率と名目 GDP 成長率の和は GDP デフレーターの変化率にほぼ等しくなる。

〈難易度：B〉

GDP デフレーターの定義は、「GDP デフレーター＝（名目 GDP／実質 GDP）×100」である。この定義の下で、GDP デフレーターの変化率は名目 GDP 成長率と実質 GDP 成長率の差として近似できるため、(4)は誤りである。

また、(4)の関係から GDP デフレーターで測ったインフレ率で負のデフレが生じていれば、名目 GDP 成長率は実質 GDP 成長率を下回るので、(3)は誤りである。

また、中間投入財は GDP に含まれないので、名目 GDP、実質 GDP、したがって GDP デフレーターにも影響を与えず、(2)は誤りである。

支出面からみた GDP の定義より、「GDP＝消費＋投資＋政府支出＋輸出－輸入」である。基準年と当該年で他の財の価格、および輸入を含めた全ての項目の支出が一定で、輸入財の価格だけが上昇すれば、当該年の実質 GDP 不変の下、名目 GDP が減少するため、GDP デフレーターは低下する。したがって、(1)が正しい。

解　答　(1)

② 国民所得統計以外の統計、物価指数、産業連関表

雇用統計

雇用統計に関する記述について、誤っているものはどれか。

(1) 我が国の年齢階層別労働力率は、女性について M 字型の特徴が見られるが、近年解消しつつある。

(2) 完全失業率とは、労働力人口に占める完全失業者数の割合を指す。

(3) 統計上、労働意欲喪失者も失業者に含まれる。

(4) 専業主婦・学生は生産年齢人口に含まれる。

〈難易度：B〉

求職活動を行っていないような労働意欲喪失者は、失業者ではなく、非労働力人口に区分される。

したがって、(3)は誤りである。

解　答　(3)

─物価指数─

　X財とY財のみが生産されている経済を考える。2015年、2016年、2017年の各財の価格と生産量が以下の表のように与えられているとする。2015年を100とした場合の2017年の連鎖方式の GDP デフレーターは以下のうちでどれか。

	2015年		2016年		2017年	
	価格	生産量	価格	生産量	価格	生産量
X 財	100円	45個	110円	55個	120円	50個
Y 財	50円	30個	40円	40個	60円	50個

(1)　102

(2)　122.4

(3)　125.5

(4)　120

〈難易度：B〉

　2015年を100とした場合の2017年の連鎖方式の GDP デフレーター $(P_{15,17}^{chain})$ は、2015年を基準とした2016年の GDP デフレーター $(P_{15,16})$ と2016年を基準とした2017年の GDP デフレーター $(P_{16,17})$ を用いて、

$$P_{15,17}^{chain}=P_{15,16}\times P_{16,17}$$

のように求められる。ここで、$P_{15,16}$ と $P_{16,17}$ はそれぞれ、

$$P_{15,16}=\frac{110\times 55+40\times 40}{100\times 55+50\times 40}\times 100=\frac{7,650}{7,500}\times 100=102$$

$$P_{16,17}=\frac{120\times 50+60\times 50}{110\times 50+40\times 50}\times 100=\frac{9,000}{7,500}\times 100=120$$

となる。

　したがって、$P_{15,17}^{chain}=1.02\times 1.2\times 100=122.4$ となる。

解答　(2)

カルドアの定型化された事実

　　以下の記述のうちで、カルドアの定型化された事実として誤っているものはどれか。

(1)　一人当たり所得の成長率は国際間で差がある。

(2)　資本の収益率は安定的に成長する。

(3)　資本と生産量の成長率はほぼ等しい。

(4)　資本と労働の分配率は一定である。

〈難易度：B〉

　　カルドアの定型化された事実とは経済成長過程において観察される特徴を指し、経済成長モデルはこれらの事実を説明することができなければならないとされている。

　　したがって、(2)は誤りであり、正しくは、「資本の収益率は成長しない」となる。

解　答　　(2)

━バブル経済の崩壊と失われた10年━

日本におけるバブル経済とその後の失われた10年に関する以下の記述のうちで正しいものはどれか。

(1) 「護送船団方式」と呼ばれる不動産業界に対する手厚い保護政策がバブル経済を引き起こした一因であると考えられている。

(2) 日本銀行はバブル経済の崩壊後すぐに経済を立て直すために「ゼロ金利政策」を採用した。

(3) バブル経済の崩壊後、大量の「不良債権」を抱えた金融機関はすぐに損失を認めて、リストラを行った結果として多くの失業者が発生し、長く日本経済が停滞したと考えられている。

(4) 「追い貸し」によって生産性の低い企業への融資が続けられたことにより、マクロ経済全体の生産性が低迷したことが失われた10年の一因だと考えられている。

〈難易度：B〉

(1)について、「護送船団方式」は銀行に対する保護である。

(2)について、ゼロ金利政策は1999年に導入されており、バブル崩壊直後の1990年代の初めはむしろ利子率は高く、金融政策の対応の遅れが失われた10年の一因と考えられることもある。

(3)について、不良債権を抱えた銀行は「護送船団方式」によって保護されていた結果として、すぐには損失を認めずリストラを行わなかった。1997年から1998年にかけて、「護送船団方式」を維持できなくなり、相次いで金融機関が破綻した。

(4)について、林・プレスコットの研究では、1990年代の生産性の低迷という供給側の要因が失われた10年の原因であると指摘している。また、星・カシャップの研究では「追い貸し」によるゾンビ企業の存在が生産性の低迷の一因であると考えている。したがって、(4)が正しい。

解　答　(4)

──コロナショック以前の金融政策──

　新型コロナウィルスが世界経済に大きな影響を及ぼした2020年以前に、既にマイナス金利政策を導入していた国・地域として当てはまらないものはどれか。

(1)　日本
(2)　米国
(3)　ヨーロッパ連合
(4)　ハンガリー

〈難易度：B〉

　選択肢の中で、2020年時点でまだマイナス金利政策を導入したことがない中央銀行は、米国の連邦準備制度理事会だけである。

　日本は2016年、EU は2014年に、ハンガリーは2016年にマイナス金利政策を採用している。

解　答　(2)

④　経済学説（複数の学説の対照）

──ルーカス批判──

以下の記述のうちで、ルーカス批判に該当するものはどれか。

(1)　知的エリートが議論、説得する手段として合理的に政策を決定で
きるという考え

(2)　民主政治における経済政策が、選挙民や組織的圧力に影響される
という考え

(3)　政策の変更によって、マクロ計量モデルのパラメータは変化する
という考え

(4)　各個人の私的利益の追求は、結局は社会全体の利益をもたらすと
いう考え

〈難易度：C〉

(1)は、ハーベイ・ロードの前提である。

(2)は、ブキャナンらによる、民主政治におけるケインズ主義への批判で
ある。

(4)は、アダム・スミスの見えざる手である。

したがって、ルーカス批判に該当するものは(3)である。

解　答　　(3)

公債の負担

　公債の負担について「公債発行は民間部門で利用可能な資源を減らすという意味で租税と同じく現在世代の負担である」という主張を展開した経済学者は、次のうちどれか。

(1)　リカード

(2)　ブキャナン

(3)　ケインズ

(4)　ラーナー

〈難易度：B〉

　設問の主張は、新正統派の見解であり、(4)のラーナーが本問の正解である。

解　答　　(4)

⑤ その他

―「短期」と「長期」―

「短期」と「長期」に関する以下の記述のうちで、誤っているものはどれか。

(1) 長期では、企業の市場への参入・退出が自由である。

(2) 長期では、経済主体が形成する期待と現実が一致する。

(3) 短期では、名目賃金が伸縮的である。

(4) 短期では、企業は可変的な生産要素の調整のみを行う。

〈難易度：C〉

マクロ経済モデルにおける短期とは、名目価格や名目賃金が硬直的な状態を指す。

したがって、(3)が誤りである。

解　答　(3)

──フロー変数として捉えられるもの

以下のうち、フロー変数として捉えられるものはどれか。

(1) 債務残高

(2) 資本減耗

(3) 国富

(4) 企業価値

〈難易度：B〉

フロー変数とは、ある一定期間において数量として計測される変数である。

一方で、ストック変数は、ある一時点において数量として計測される変数である。

(2)は資本減耗のみ特定の期間において発生するフローの次元の変数であり、これが本問の正解である。

解 答　(2)

財政政策

財政政策について、金融政策と比較した場合、正しいものはどれか。

(1) 財政政策は決定に時間がかかり、国民所得に効果が表れるのにも時間がかかる。

(2) 財政政策の決定には時間がかかるが、国民所得に効果が表れるのには時間がかからない。

(3) 財政政策の決定に時間はかからないが、国民所得に効果が表れるのには時間がかかる。

(4) 財政政策の決定には時間がかからず、国民所得に効果が表れるのにも時間はかからない。

〈難易度：C〉

財政政策には議会で審議され、さらに決定後に執行されるまでに、いわゆる決定ラグ、施行ラグが伴い、時間がかかる。

その一方で、政府支出の執行後には、政府支出そのものが国内総生産の一部であることからも、その効果が国民所得に早く表れやすい。

したがって、(2)が正しい。

解答　(2)

2．消費・投資・国民所得の決定

① ケインズ型消費関数、ライフサイクル仮説、貯蓄の理論

ケインズ型消費関数

ケインズ型消費関数について、誤っているものはどれか。

(1) 今期の消費に影響を与えるのは今期の可処分所得のみである。

(2) 限界消費性向の値は、ゼロより大きく1未満である。

(3) 基礎的消費の値はゼロより大きい。

(4) 平均消費性向の値は可処分所得の増加とともに上昇する。

〈難易度：C〉

ケインズ型消費関数は、

　　　今期の消費水準＝基礎的消費＋限界消費性向×今期の可処分所得

である。この式の下で、

$$平均消費性向＝\frac{今期の消費水準}{今期の可処分所得}＝\frac{基礎的消費}{今期の可処分所得}＋限界消費性向$$

となり、基礎的消費と限界消費性向は一定なので、可処分所得が上昇すると平均消費性向は低下する。

したがって、(4)が誤りである。

解　答　　(4)

━ライフサイクル仮説━

　ライフサイクル仮説に従って行動している人を考える。今年31歳のこの人は65歳で退職するまで毎年300万円の一定の所得があり、引退後の66歳からは所得がゼロになるが、85歳までの寿命があると考えている。また、現在の貯蓄残高は、500万円である。この人が生涯にわたって毎年消費額を一定とするように計画しているとすると、今年の貯蓄額は次のうちいくらになるか。ただし、利子はなく、死後には資産も借金も残さないものとする。

(1)　100万円

(2)　150万円

(3)　200万円

(4)　貯蓄しない

〈難易度：B〉

　利子所得はゼロであるので、生涯所得は300万円×35年＝10,500万円になり、現在の貯蓄を加えて、10,500万円＋500万円＝11,000万円となる。

　これを今後55年間に毎年同額で死亡時に使い切るように消費するため、1年あたりの消費額は11,000万円÷55年＝200万円となる。

　したがって、今年の貯蓄額は300万円−200万円＝100万円となる。

解　答　　(1)

現在消費の均衡値

現在と将来の2期間生きる合理的な家計の消費選択問題を考える。2期間の所得の割引現在価値の総和が W であり、生涯効用関数が $u=\log C_1+\dfrac{1}{1+\rho}\log C_2$ で与えられていると仮定する。ただし、C_1：現在の消費量、C_2：将来の消費量、$\rho>0$：時間選好率、とします。利子率を r、初期保有資産はゼロとするとき、現在消費の均衡値として正しいものはどれか。

(1) $C_1=\left[\dfrac{1+\rho}{2+\rho}\right]W$

(2) $C_1=\left[\dfrac{1}{2+\rho}\right]W$

(3) $C_1=\left[\dfrac{\rho}{2+\rho}\right]W$

(4) $C_1=\left[\dfrac{1+\rho}{2}\right]W$

〈難易度：A〉

2期間にわたる予算制約式は、$C_1+\dfrac{C_2}{1+r}=W$ となり、この式を C_2 について解くと、$C_2=(1+r)(W-C_1)$ となる。さらに、これを効用関数に代入すれば、$u=\log C_1+\dfrac{1}{1+\rho}\log[(1+r)(W-C_1)]$ となり、C_1 について一階条件を求めると、

$$0=\dfrac{1}{C_1}-\dfrac{1+r}{1+\rho}\cdot\dfrac{1}{(1+r)(W-C1)}$$

となる。最後に一階条件を C_1 について解くと、$C_1=\left[\dfrac{1+\rho}{2+\rho}\right]W$ が得られる。

解答　(1)

② 投資の限界効率、トービンのq、在庫投資（意図したものを含む）

─望ましい資本ストック水準─

資本ストックを K として、資本の限界生産性 MPK が、

$$MPK = \frac{1}{2\sqrt{K}}$$

であるとする。いま、$t-1$期には利子率が8％、t期には3％であった。各期とも新古典派の投資理論の望ましい資本ストック水準を達成しているとする。この経済の資本減耗率が2％であるとき、$t-1$期からt期にかけての粗投資量はいくらになるか。

(1)　75

(2)　75.5

(3)　80

(4)　80.5

〈難易度：B〉

望ましい資本ストックの水準では、「資本の限界生産性＝利子率＋資本減耗率」が成立する。したがって、$t-1$期とt期の資本ストックの水準である K_{t-1} と K_t は、

$$\frac{1}{2\sqrt{K_{t-1}}} = 0.08 + 0.02 = 0.1 \leftrightarrow K_{t-1} = 25$$

$$\frac{1}{2\sqrt{K_t}} = 0.03 + 0.02 = 0.05 \leftrightarrow K_t = 100$$

となる。また、新古典派投資理論の資本の遷移式より、粗投資額 I_t は資本減耗率を δ として、

$$K_t = (1-\delta)K_{t-1} + I_t \leftrightarrow I_t = K_t - (1-\delta)K_{t-1}$$

となり、各々の値を代入すれば、$I_t = 100 - (1-0.02) \times 25 = 75.5$ となる。

解　答　(2)

┌─ トービンの q ─┐

　負債のある企業を考える。以下の選択肢のうちで、トービンの q が必ず 1 を超えている状況はどれか。

(1)　株式市場で評価された企業の市場価値が負債総額よりも大きい。

(2)　資本の再取得価格が株式市場で評価された企業の市場価値よりも大きい。

(3)　株式市場で評価された企業の市場価値と負債総額の総和が資本の再取得価格よりも大きい。

(4)　資本の再取得価格が負債総額よりも大きい。

〈難易度：C〉

　トービンの q の定義である

$$q=\frac{\text{株式市場で評価された企業の価値＋負債総額}}{\text{資本の再取得価格}}$$

に基づいて考える。

　これにより、(3)は 1 を超えることととなり、これが本問の正解である。

解　答　　(3)

投資の水準

　今期と来期のみからなる企業の投資計画を考える。この企業が今期 I だけの投資を行うと、来期に資本ストック K は I だけ増加する。さらに、企業の収益 Y と資本ストック K の間には、

$$Y = 5.1K$$

という関係があるとする。一方で、投資にかかるコストについて、投資財の購入に加えて、投資の調整費用 $\frac{1}{2}I^2$ がかかり、総費用 C は

$$C = I + \frac{1}{2}I^2$$

であると仮定する。いま、今期から来期にかけての利子率が0.02（＝2%）であるとすると、最適な今期の投資の水準は以下のうちどれか。

(1)　1
(2)　2
(3)　3
(4)　4

〈難易度：A〉

　投資による利潤の割引現在価値 R は、

$$R = \frac{5.1I}{1+0.02} - \left\{ I + \frac{I^2}{2} \right\}$$

となる。

　R を最大化するための一階条件は、

$$\frac{\partial R}{\partial I} = \frac{5.1}{1.02} - 1 - I = 0$$

であり、これを解けば、$I = 5 - 1 = 4$ となる。

解　答　　(4)

③　労働市場（古典派の第1・第2公準、自発的失業）

自然失業率には含まれない失業形態

自然失業率には含まれない失業形態は、次のうちどれか。

(1)　地域間の人的移動にコストがかかることによって生じる失業

(2)　産業構造の変化によって生じる失業

(3)　現行より高い賃金を求めて職探しをしていることによる失業

(4)　有効需要が不足することにより生じる失業

〈難易度：C〉

自然失業率とは、非自発的失業がゼロの時の失業率である。

選択肢のうちで、(4)が非自発的失業にあたる。

(1)は摩擦的失業、(2)は構造的失業、(3)は自発的失業と呼ばれ、自然失業率に含まれる。

解　答　(4)

古典派の第一公準

古典派の第一公準として、正しいものはどれか。

(1) 実質賃金は労働の限界生産性に等しい。

(2) 生産物に価値は資本の取り分と労働の取り分とに完全に分配される。

(3) 実質賃金は労働の限界不効用に等しい。

(4) 物価水準は貨幣供給量に比例する。

〈難易度：C〉

(1)が古典派の第一公準、(2)が完全競争市場と一次同次の生産関数の仮定の下で成立するオイラーの定理、(3)が古典派の第二公準、(4)が貨幣数量説である。

したがって、(1)が正しい。

解　答　(1)

2.

消費・投資・国民所得の決定

賃金率の下方硬直性

賃金率の下方硬直性を説明する考え方として、誤っているものはどれか。

(1) メニューコスト理論では、商品メニューを書き換える直接経費や価格のもつシグナル効果が損なわれるなど、価格改定を頻繁に行うことによるコストが存在するために価格の硬直性が生じると考える。

(2) ケインズの相対的賃金仮説では、各産業の労働者が他の産業の賃金率が下がっていないと考えて賃金引き下げに反対することから、経済全体で賃金率が下がりにくくなると考える。

(3) 効率賃金仮説では、賃金率を下げると労働の効率性が低下し、企業の提供できる商品の品揃えが減少して、他の企業との競争上不利になるために、企業は賃金率を下げないと考える。

(4) インサイダー・アウトサイダー理論では、すでに雇われている労働者を入れ替えるのにコストがかかるため、企業は外部の労働市場に待機する失業者を雇うより高い賃金を提供すると考える。

〈難易度：B〉

効率賃金仮説では、賃金率を下げると従業員の労働意欲や能率が低下するため、企業は賃金率を高く維持すると考える。

したがって、(3)が誤っており、これが本問の正解である。

解答　(3)

国民所得

　ある経済の国民経済計算のデータが以下の表のように与えられているとする。このとき、国民所得はいくらになるか。

民間最終消費支出	287	財貨・サービスの輸入	49
政府最終消費支出	87	海外からの要素所得の受取り	12
総固定資本形成	135	海外への要素所得の支払い	5
在庫品増加	−2	固定資本減耗	93
雇用者報酬	280	間接税	43
財貨・サービスの輸出	56	補助金	4

(1)　389

(2)　428

(3)　514

(4)　521

〈難易度：B〉

　国民所得（NI, National Income）の定義は、

　　　$NI=$国民純所得（NNI, National Net Income）$-$間接税$+$補助金

であり、さらに NNI の部分を詳しく書けば、

　　　$NI=$国内総生産（GDP）$-$固定資本減耗$+$海外からの要素所得の受取り$-$海外への要素所得の支払い$-$間接税$+$補助金

となる。また、支出面からみた GDP は、

　　　GDP$=$民間最終消費支出$+$政府最終消費支出$+$総固定資本形成$+$在庫品増加$+$財貨・サービスの輸出$-$財貨・サービスの輸入

である。表よりこの経済の GDP は、$GDP=287+87+135-2+56-49=514$となる。したがって、国民所得（NI）は、$NI=514-93+12-5-43+4=389$となる。

解　答　　(1)

均衡国民所得

ある経済の財市場が、以下の式で描写されるとする。

財市場の均衡条件　$Y = C + I + G$

消費関数　　　　　$C = c_0 + c_1(Y - T)$

租税ルール　　　　$T = \tau Y$

ここで、Y、C、I、G、Tはそれぞれ国民所得、消費、投資、政府支出、租税を表しており、パラメータであるc_0、c_1、τはそれぞれ基礎的消費、限界消費性向、所得税率を表している。$c_0 = 100$、$c_1 = 0.8$、$\tau = 0.25$であるとき、政府支出を10単位増加させた場合の均衡国民所得の増加分として、正しいものはどれか。

(1)　20

(2)　25

(3)　32

(4)　40

〈難易度：B〉

全ての式をひとつにまとめると、

$$Y = c_0 + c_1(1 - \tau)Y + I + G$$

となり、Yについて解けば、

$$Y = \frac{1}{1 - C_1(1 - \tau)}[c_0 + I + G]$$

となる。したがって、政府支出がΔG増えれば、均衡国民所得の増分は

$$\Delta Y = \frac{1}{1 - c_1(1 - \tau)}\Delta G$$

となる。$c_1 = 0.8$、$\tau = 0.25$、$\Delta G = 10$のとき、

$$\Delta Y = \frac{1}{1 - 0.8(1 - 0.25)} \times 10 = 25$$

となる。

解　答　(2)

国民所得

閉鎖経済における IS-LM モデルを考える。この経済は以下の連立方程式体系で描写されるものとする。

消費関数	$C = 0.3(Y-T) + 180$	①
投資関数	$I = 0.2Y - 5r + 10$	②
政府支出	$G = 100$	③
租税ルール	$T = 0.25Y - 25$	④
財市場の均衡条件	$Y = C + I + G$	⑤
貨幣需要関数	$M^d = 700 - 50r$	⑥
貨幣供給関数	$M^s = 600$	⑦

ただし、C：消費、Y：国民所得、T：税収、I：投資、G：政府支出、r：利子率、M^d：貨幣需要量、M^s：貨幣供給量、とする。このとき、貨幣供給量を57.5増やすような金融緩和政策を行うと、国民所得はいくら増加するか。なお、政府支出と物価水準は一定とする。

(1) 10

(2) 5.75

(3) 31.725

(4) 57.5

〈難易度：B〉

①から④式を⑤式に代入すると、

$$Y = 0.3(Y - 0.25Y + 25) + 180 + 0.2Y - 5r + 10 + 100$$

これを整理して得られる財市場の均衡を表す IS 曲線は、

$$Y = \frac{11,900 - 200r}{23}$$

となる。

一方で、⑥と⑦式より、貨幣市場の均衡を表す LM 曲線は、

$$600 = 700 - 50r$$

より、$r = 2$ となる。すなわち、LM 曲線は $r = 2$ を通る水平な直線となる。

また、貨幣供給量が57.5増えて $M^s = 657.5$ となった場合には同様の計算より $r = 0.85$ となる。

これらの利子率の値を IS 曲線の式に代入すると、$r = 2$ と $r = 0.85$ のケー

スで、それぞれ $Y=500$ と $Y=510$ となる。

したがって、金融緩和政策による国民所得の増加分は10となる。

解　答　　(1)

3．金融・財政

①　金融1（株式・債券、銀行貸出（含む借入制約））

株式・債券：日本の金融市場

　日本における金融市場の分類として、誤っているものはどれか。

(1)　手形市場は短期のインターバンク市場である。

(2)　コール市場は短期のインターバンク市場である。

(3)　コマーシャル・ペーパー（CP）市場は短期のオープン市場である。

(4)　株式市場は短期のオープン市場である。

〈難易度：A〉

　金融機関が参加する短期のインターバンク市場には、手形市場やコール市場がある。

　金融機関以外も参加できる短期のオープン市場には、CP市場や譲渡性預金（CD）市場などがある。

　満期が1年以上の長期国債や株式市場は長期の市場に分類される。

　したがって、(4)が誤りである。

解　答　(4)

銀行貸出：自己資本比率規制

　国際決済銀行（BIS）による銀行の自己資本比率規制に関する記述として、誤っているものはどれか。

(1)　銀行に一定以上の自己資本比率を保たせることで、銀行が保有する資産価値が下落しても破たんが回避される可能性が高まる。

(2)　銀行に一定以上の自己資本比率を保たせることで、株主に銀行経営の監視を強めるインセンティブが生じる。

(3)　システム障害などによる損失はオペレーショナル・リスクとして自己資本比率を低下させる。

(4)　銀行が国債を売却して得た資金で企業への貸出を行うと自己資本比率が上昇する。

〈難易度：A〉

　自己資本比率は銀行の自己資本を分子とし、信用リスク、市場リスク、オペレーショナル・リスクなどを分母として計算される。

　信用リスクの計算の際には貸出先に応じて異なるウエート付けがなされ、政府などに比べ企業のリスク・ウエートが高く見積もられる。そのため、国債を売却してその資金を企業に貸し出すと分母の信用リスクが大きくなり、自己資本比率は低下する。

　したがって、(4)が誤りである。

解　答　　(4)

② 金融2（貨幣の機能、貨幣需要）

─貨幣の機能：フィッシャーの交換方程式─

　フィッシャーの交換方程式に基づいて貨幣供給量と物価水準の関係が決定されるとする。貨幣供給量の増加率が8％、貨幣の所得（流通）速度の上昇率が2％、実質所得の成長率が4％のとき、物価上昇率として正しいものはどれか。

(1)　2％

(2)　6％

(3)　10％

(4)　14％

〈難易度：A〉

　フィッシャーの交換方程式は、

　　　　貨幣供給量×貨幣の所得速度＝物価水準×実質所得

で表される。この式の両辺を変化率の関係に書き換えると、

貨幣供給量増加率＋貨幣の所得速度上昇率＝物価上昇率＋実質所得成長率

となるので、ここに問題の条件を当てはめると、

　　　　8％＋2％＝物価上昇率＋4％

より、

　　　　物価上昇率＝8％＋2％－4％＝6％

と求めることができる。

　したがって、(2)が正しい。

解　答　　(2)

3. 金融・財政

貨幣需要：ケインジアンの貨幣需要関数

　伝統的なケインジアンの貨幣需要の考え方として、誤っているものはどれか。

(1)　名目利子率が下落すると、実質貨幣残高の需要は増加する。

(2)　一般物価水準が上昇すると、実質貨幣残高の需要は増加する。

(3)　実質国民所得が増加すると、実質貨幣残高の需要は増加する。

(4)　貨幣供給量が増加すると、名目利子率が下落する。

〈難易度：A〉

　伝統的なケインジアンの貨幣需要理論に基づくと、実質貨幣残高の需要は名目利子率の減少関数かつ実質国民所得の増加関数として表される。

　一般物価水準の変動は名目貨幣需要には影響するものの、実質貨幣残高の需要には影響しないと考えられる。

　また、貨幣供給量の増加は（少なくとも短期的には）一般物価水準に影響をおよぼすのではなく、名目利子率を下落させる。

　したがって、(2)が誤りである。

解　答　　(2)

貨幣需要：ボーモル・トービンの在庫理論アプローチ

　ある個人は、1期間当たり324万円を期間内に均等に支出する。支出のために必要な現金は、銀行預金からn回に分けて引き出される。1回当たりの引出額は同額であり、1回の引出しには100円の手数料がかかる。銀行預金には、1期間当たり2％の利子が付くものとする。この個人が、預金の引出しにかかる手数料と、そのまま預金しておく場合に得られる利子収入（機会費用）の合計を最小化するとき、この期間の引出回数として、正しいものはどれか。

(1)　6回

(2)　12回

(3)　18回

(4)　24回

〈難易度：C〉

　この期間中にn回引き出すとすると、手数料として$100n$円かかり、1回当たりの引出額は（324/n）万円となる。

　引き出された現金は均等に支出されていくので、平均的な現金保有は（162/n）万円となり、このとき諦めることになる利子収入は$0.02 \times$（162/n）万円となる。

　したがって、最小化すべき費用合計は、

$$100n + 0.02 \times \frac{1,620,000}{n} = 100n + \frac{32,400}{n}$$

となり、これを引出回数nについて微分すると、費用最小化条件

$$100 - \frac{32,400}{n^2} = 0$$

が得られる。

　これを変形すると$n^2 = 324$となるので、ここから$n = 18$が求められる。

解　答　(3)

3.

金融・財政

③ 金融3（貨幣供給、信用創造、その他）

─貨幣供給：マネーストック統計─

マネーストック統計に関する記述について、誤っているものはどれか。

(1) $M1$には現金通貨が含まれる。

(2) $M1$には定期性預金が含まれる。

(3) $M3$には要求払預金が含まれる。

(4) $M3$には外貨預金が含まれる。

〈難易度：A〉

$M1$は現金通貨と預金通貨からなり、預金通貨には要求払預金が含まれる。

$M3$は$M1$に準通貨と譲渡性預金（CD）を加えたものである。

このうち、準通貨には定期性預金や外貨預金が含まれる。

したがって、(2)が誤りである。

解 答 (2)

信用創造：貨幣乗数の計算

　銀行部門の預金に対する準備の保有割合（準備率）を2％とする。一方、銀行以外の民間部門は現金を一切保有しないとする。ハイパワードマネーが10兆円のとき、貨幣供給残高（マネーストック）として正しいものはどれか。

(1)　20兆円

(2)　100兆円

(3)　500兆円

(4)　2,000兆円

〈難易度：A〉

　一般に銀行部門の準備率を RD と銀行以外の民間部門の現金・預金比率を CD とすると、貨幣乗数 μ として

$$\mu = \frac{CD+1}{CD+RD}$$

が成り立つ。この問題の条件 $CD=0$、$RD=0.02$ を上の式に代入すると、貨幣乗数は50となる。

　この貨幣乗数にハイパワードマネーを乗じるとマネーストックとして500兆円が求められる。

解　答　(3)

④　金融政策手段

金融政策手段：日本銀行の役割

日本銀行の役割に関する記述のうち、誤っているものはどれか。

(1)　日本銀行は、日本で発行されている紙幣（日本銀行券）および硬貨の発行主体である。

(2)　日本銀行は、資金不足に陥った金融機関に「最後の貸し手」として貸出を行う。

(3)　日本銀行は、「政府の銀行」として国庫金の受払いなどの業務を行う。

(4)　日本銀行は、物価の安定を主な目的として金融政策の意思決定を行う。

〈難易度：A〉

日本銀行は紙幣（日本銀行券）を発行する唯一の主体（発券銀行）であるが、硬貨の発行主体は政府なので、(1)は誤りである。

日本銀行は「銀行の銀行」として金融機関に貸出を行い、(2)の「最後の貸し手」としての役割もその一部である。

国庫金の受け払いなどの業務は、日本銀行の「政府の銀行」としての役割の1つであり、(3)は正しい。

日本銀行法には、物価の安定を主な目的として金融調節を行うことが明記されているので、(4)は正しい。

解　答　　(1)

金融政策手段：インフレーション・ターゲット

　　インフレーション・ターゲットに関する記述のうち、正しいものは
どれか。
(1)　予想されないインフレを起こすことを通じた政府の債務負担軽減
　　を目的として行われる。
(2)　政治的な圧力により中央銀行の独立性が失われるリスクを高める。
(3)　中央銀行の政策手段の裁量が失われ、金融政策運営が難しくなる。
(4)　先進国のみならず一部の開発途上国でも導入される例が見られる。

〈難易度：Ｂ〉

　　インフレーション・ターゲットが正しく運用されることにより、予想さ
れないインフレが起こる可能性が低下するため、(1)は誤りである。

　　インフレーション・ターゲットには政治的圧力による金融政策の恣意的
な運用を困難にすることで、中央銀行の独立性を高めるはたらきがあるの
で、(2)は誤りである。

　　インフレーション・ターゲットにより政策目的は縛られるが、その目的
を達成する政策手段については中央銀行の裁量が残されるため、(3)は誤り
である。

　　国際通貨基金 (IMF) の「Annual Report on Exchange Arrangements Exchange
Restrictions」によると、2019年には世界で40以上の国および地域がインフ
レーション・ターゲットを導入しており、その範囲はイギリスやカナダな
どの先進国にとどまらず、タイやインド、ペルーなど開発途上国に分類さ
れる国々にもおよんでいる。したがって、(4)が正しい。

解　答　(4)

3.
金融・財政

政策の有効性：裁量的な金融政策の有効性

フリードマンの自然失業率仮説の下、裁量的な金融政策の有効性に関する記述のうち、正しいものはどれか。

(1) 事前の予想よりも物価上昇率を高めることで、短期的に非自発的失業を減少させることができる。

(2) 短期的には、自然失業率を低下させることができる。

(3) 長期的にも、非自発的失業を解消することはできない。

(4) 長期的には、自然失業率を低下させることができる。

〈難易度：A〉

フリードマンの自然失業率仮説は、短期的には拡張的な金融政策により予期せぬ物価上昇を引き起こして失業率を低下させることができるとしても、長期的には自然失業率に等しくなるという考え方である。

なお、自然失業率には、摩擦的失業は含まれるが非自発的失業は含まれないので、長期的には非自発的失業は存在しなくなる。

したがって、(1)が正しい。

解　答　　(1)

⑤ 財政１（簡単な乗数計算、租税）

乗数理論：政府支出乗数と租税乗数

　単純な45度線モデルに基づく財政政策の乗数効果に関する記述のうち、誤っているものはどれか。

(1)　政府支出はそれ自身が有効需要を増加させる。

(2)　減税は民間の可処分所得増加による消費増加を通じて有効需要を増加させる。

(3)　同額の政府支出増加と減税では、政府支出増加のほうが均衡所得を大きく増加させる。

(4)　政府支出と租税を同じ規模で変化させる均衡予算の下では、均衡所得は変化しない。

〈難易度：Ａ〉

　政府支出それ自身が有効需要を増加させて均衡所得の増加に貢献するうえ、限界消費性向を乗じた分だけ消費も増加させる。

　一方、租税の変化それ自身は有効需要を変化させず、可処分所得の増加により、限界消費性向を乗じた分だけ消費を増加させることを通じて均衡所得の増加に貢献する。

　同額の政府支出増加と減税では、政府支出が直接的に有効需要を増加させる分だけ、政府支出増加のほうが、均衡所得に及ぼす効果が大きくなる。

　したがって、(1)、(2)、(3)は正しい。

　均衡予算の下では、政府支出増加による効果と租税の変化による効果の違いから、政府支出増加の効果が大きくはたらくため、均衡所得は増加する。

解　答　(4)

3. 金融・財政

租税：租税乗数

　ある国の経済が、

　　　　財市場均衡：$Y = C + I + G$

　　　　消費関数：$C = 0.6(Y - T) + C_0$

で与えられるものとする。ただし、Y は国民所得、C は消費、I は投資、G は政府支出、T は租税であり、投資、政府支出、租税および C_0 の基礎消費は定数であるとする。このとき、政府が財市場均衡における国民所得をちょうど30兆円増やすために必要な政策として、正しいものはどれか。

(1)　10兆円の政府支出増加

(2)　20兆円の政府支出増加

(3)　10兆円の減税

(4)　20兆円の減税

〈難易度：A〉

　このマクロ経済モデルで限界消費性向を c とすると、政府支出乗数は $1/(1-c)$、租税乗数は $c/(1-c)$ と表すことができる。$c = 0.6$ を当てはめると、政府支出乗数が2.5、租税乗数が1.5とそれぞれ求められる。

　したがって、均衡国民所得を30兆円増加させるためには、12兆円の政府支出増加あるいは20兆円の減税が必要になるので、(4)が正しい。

解　答　　(4)

⑥ 財政2（予算、財政赤字（リカードの中立命題を含む）、社会保障、年金）

──予算：プライマリー・バランス（基礎的財政収支）──

　ある会計年度の予算が次のように与えられているとき、プライマリー・バランス（基礎的財政収支）の赤字額として、正しいものはどれか。

歳入歳出予算　　　　　　　　　　　　　　　　（単位：兆円）

租税及び印紙収入	60	国債費	23
公債金	35	地方交付税交付金等	16
その他収入	5	その他一般歳出	61
合計	100	合計	100

(1)　0円

(2)　4兆円

(3)　12兆円

(4)　35兆円

〈難易度：A〉

　プライマリー・バランスにおける赤字額は、国債費を除く歳出から公債金収入を除く歳入を差し引いたものに等しくなるので、本問の場合、（100兆円－23兆円）－（100兆円－35兆円）＝12兆円となる。

　したがって、(3)が正しい。

解　答　(3)

3.

金融・財政

147

財政赤字：バロー・リカードの等価定理

バロー・リカードの等価定理（中立命題）に関する記述のうち、誤っているものはどれか。

(1) 個人が将来世代の効用水準を考慮に入れるならば、その個人の生存期間中に国債が償還されないとしても、等価定理が成立する。

(2) 等価定理が成立するのは、政府支出を国債発行で賄っても増税で賄っても、個人の予算制約が変化せず最適消費が変わらないためである。

(3) 租税の超過負担が存在し、現在において短期的かつ巨額の政府支出の増加を要する場合も、国債発行で賄っても増税で賄っても個人の厚生水準に違いは生じない。

(4) 流動性制約（借入制約）によって望ましい水準以下しか消費していない個人にとっては、国債発行による減税の効果は中立的ではない。

〈難易度：B〉

個人の生存期間は有限であっても、各個人が将来世代の効用を考慮に入れ、さらにその子孫も将来世代の効用を考慮に入れるならば、現在世代の効用は無限期間生存する個人の効用と同じように見なすことができる。この場合、政府支出を国債で賄っても増税で賄っても、このような個人の効用最大化問題における生涯予算制約は同じになるというのがバロー・リカードの等価定理の主張である。この主張から、(1)と(2)は正しい。

しかし、この等価定理が成立するためには、家計が流動性制約に直面していないことや、租税の超過負担が存在しないことが必要である。家計が流動性制約に直面する場合、減税による可処分所得の増加は消費に影響を及ぼすので、国債発行による減税は中立的ではなく、(4)は正しい。一方、租税の超過負担が存在する場合は、巨額の政府支出増加に対してすべてを増税で賄うと超過負担が大きくなるため、国債発行により各期の租税負担を分散させて平準化することが望ましい。したがって、(3)は誤りである。

解　答　　(3)

┌───┐
財政赤字：ドーマー条件

　政府債務残高対 GDP 比が低下するための条件に関する記述について，正しいものはどれか。

(1)　長期金利が経済成長率を上回る場合、基礎的財政収支が均衡すること

(2)　長期金利が経済成長率を上回る場合、基礎的財政収支が赤字になること

(3)　長期金利が経済成長率に等しい場合、基礎的財政収支が赤字になること

(4)　長期金利が経済成長率を下回る場合、基礎的財政収支が均衡すること

〈難易度：B〉
└───┘

　政府債務残高を D、国内総生産（GDP）を Y、租税収入を T、政府の一般的な支出を G、政府債務の利払いにかかる長期金利を r とする。ある期間の政府の収入が公債金収入と租税収入からなり、支出が一般的な支出と利払いからなるとすると、

$$\Delta D + T = G + rD$$

が成り立つ。左辺第1項は公債金収入、第2項は租税収入、右辺第1項は一般的な支出、第2項は利払いを表している。この式を変形すると、

$$\Delta D = G - T + rD$$

として政府債務の増加分を表す式が得られる。ここで政府債務残高対GDP 比（D/Y）の変動要因を分解すると、

$$\Delta\left(\frac{D}{Y}\right) = \frac{\Delta D}{Y} - \frac{D}{Y}\frac{\Delta Y}{Y}$$

が得られる。この式と政府債務の増加分を表す式を合わせると、

$$\Delta\left(\frac{D}{Y}\right) = \frac{G-T}{Y} + \frac{D}{Y}\left(r - \frac{\Delta Y}{Y}\right)$$

が得られる。右辺第1項は基礎的財政収支赤字（の対 GDP 比）を表し、第2項の括弧内は長期金利と経済成長率の差になることがわかる。ここから、長期金利が経済成長率を上回るか等しい場合、政府債務残高対 GDP 比の低下には基礎的財政黒字が必要になることから、(1)、(2)および(3)は誤りである。

3.
金融・財政

長期金利が経済成長率を下回れば、右辺第2項が負の値をとるため、基礎的財政収支均衡で政府債務残高対 GDP 比は低下する。したがって、(4)は正しい。

解　答　(4)

4. 経済政策

① IS-LM分析1（IS、LM曲線の傾き、均衡の導出）

┌─IS-LM分析─

一国の経済が、次のようなマクロモデルによって表されている。

$$Y = C + I + G$$
$$C = C_0 + c(Y - T)$$
$$I = I_0 - ar$$
$$M = -br + kY$$

ただし、Y：国民所得、C：消費、I：投資、G：政府支出、T：租税、C_0：独立消費、I_0：独立投資、r：利子率、M：実質貨幣供給量とし、これらはいずれも正の値をとる。また、a、b、c、kは正のパラメータ（ただし、$0 < c < 1$）とする。ここで、均衡国民所得Yが低下する要因として、適切なものはどれか。

(1) a が低下する。

(2) b が低下する。

(3) k が低下する。

(4) I_0 が上昇する。

〈難易度：B〉

IS 曲線は、

$$Y = C + I + G = C_0 + c(Y - T) + (I_0 - ar) + G$$

より、

$$ar = -(1-c)Y + C_0 + I_0 + G - cT$$

であるから、Y軸切片が $(C_0 + I_0 + G - cT)/(1-c)$ の右下がりの直線（傾き $= -(1-c)/a < 0$）となる。LM曲線は $br = kY - M$ であるから、Y軸切片が (M/k) の右上がりの直線（傾き $= k/b > 0$）となる。

⑴では、aの値が低下するとき、IS曲線のY軸切片は変化せず傾きは急になるので、均衡GDPは増大する。

⑵では、bの値が低下するとき、LM曲線のY軸切片は変化せず傾きは急になるので、均衡GDPは減少する。

⑶では、kの値が低下するとき、LM曲線のY軸切片は大きくなり傾きは緩やかになるので、均衡GDPは増大する。

⑷では、I_0の値が上昇するとき、IS曲線は上に平行移動するので、均衡GDPは増大する。

したがって、均衡GDPが低下するのは⑵の場合である。

解　答　⑵

経済政策の有効性

次のような *IS-LM* モデルを考える。

$C = 100 + 0.8Y$

$I = 140 - 600r$

$L = 0.2Y + (50 - 200r)$

$M = 250$

$P = 1$

ただし、C：消費、Y：国民所得、I：投資、r：利子率、L：実質貨幣需要、M：名目マネーサプライ、P：物価水準とする。政府が国債の市中消化により公共支出 G を40だけ行うとき、国民所得 Y と利子率 r の組合せとして、正しいものはどれか。

(1)　$Y=1,050$　　　$r=5\%$

(2)　$Y=1,050$　　　$r=10\%$

(3)　$Y=1,100$　　　$r=5\%$

(4)　$Y=1,100$　　　$r=10\%$

〈難易度：B〉

IS 曲線は、$Y=C+I+G=(100+0.8Y)+(140-600r)+G$ より、$0.2Y+600r=240+G$、*LM* 曲線は $L=M/P$ より $0.2Y+(50-200r)=250$ より、$0.2Y-200r=200$ である。

政府支出 $G=40$ を実施するために発行する国債が市中消化される場合には、名目マネーサプライに変化はないので、*LM* 曲線の式と $G=40$ を代入した *IS* 曲線の式とを連立して解くことにより、均衡における国民所得は $Y=1,100$、利子率は $r=0.1$（10％）である。

解　答　　(4)

ＩＳ-ＬＭ分析

　下の図で示されているⅠ、Ⅱ、Ⅲ、Ⅳの４つの領域のうち、財市場と貨幣市場ともに超過需要である領域として、正しいものはどれか。

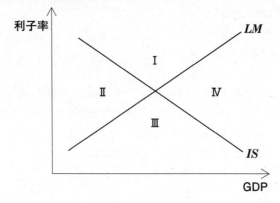

(1)　Ⅰ
(2)　Ⅱ
(3)　Ⅲ
(4)　Ⅳ

〈難易度：Ｂ〉

　IS 曲線の下側領域（ⅡとⅢ）では、一定の GDP 水準の下で利子率が低いことから投資需要が大きくなっており、財市場に超過需要が発生している。

　LM 曲線の下側領域（ⅢとⅣ）では、一定の GDP 水準の下で利子率が低いことから貨幣需要量が大きくなっており、貨幣市場に超過需要が発生している。

　したがって、財市場と貨幣市場ともに超過需要である領域は(3)のⅢである。

解　答　(3)

② IS-LM分析2（財政金融政策の効果（無効でないケース））

──IS-LMモデルにおける金融政策の効果──

次のような IS-LM 分析の枠組みで表されるマクロ経済モデルを考える。

$$C = 0.6Y + 20$$
$$I = 0.2Y - 5r + 30$$
$$G = 60$$
$$L = 88 - 9r$$
$$M = 70$$

ただし、C：消費、Y：国民所得、G：政府支出、I：投資、r：利子率、L：実質貨幣需要量、M：実質貨幣供給量とする。

貨幣供給量を増大させる金融政策により国民所得を5％増大させるためには、貨幣供給量をいくらにする必要があるか。ただし、政府支出と物価水準は一定とする。

(1)　97

(2)　88

(3)　82

(4)　79

〈難易度：B〉

IS 曲線は、$Y = C + I + G = (0.6Y + 20) + (0.2Y - 5r + 30) + 60$より、$0.2Y + 5r = 110$である。$LM$ 曲線$88 - 9r = 70$は Y に依存していないので、均衡利子率は$r = 2$となる。これを IS 曲線の式に代入して解くことにより、均衡 GDP は $Y = 500$である。

Y が5％増加して均衡 GDP が $Y' = 525$になるときには、IS 曲線の式から、均衡利子率は $r' = 1$でなければならない。

LM 曲線の式（$88 - 9r' = M'$）に $r' = 1$を代入すれば、それを達成するための貨幣供給量が $M' = 79$であることがわかる。

解　答　(4)

財政・金融政策の有効性

一国の経済が、次のようなマクロモデルによって表されている。

$$C = 0.6(Y - T) + 80$$
$$I = -4r + 50$$
$$L = 0.3Y - 12r + 30$$
$$M = 9H$$

ただし、C：消費、Y：国民所得、T：税収、I：投資、r：利子率、L：貨幣需要、M：貨幣供給量、H：ハイパワード・マネーとする。政府が市中消化の国債発行により政府支出を１増加させるとき、国民所得はどれだけ変化するか。

(1)　0

(2)　1

(3)　2

(4)　2.5

〈難易度：Ｂ〉

財市場の均衡条件 $Y = C + I + G$、貨幣市場の均衡条件 $L = M$ より、

$$0.4Y + 4r = G - 0.6T + 130 : IS \text{ 曲線}$$
$$0.3Y - 12r = 9H - 30 \qquad : LM \text{ 曲線}$$

である。上の連立方程式の差分 Δ を取ると、

$$\begin{cases} 0.4\Delta Y + 4\Delta r = \Delta G - 0.6\Delta T \\ 0.3\Delta Y - 12\Delta r = 9\Delta H \end{cases}$$

を得る。市中消化の国債発行により政府支出を賄う場合、中央銀行のハイパワード・マネーに変化はないので、$\Delta H = 0$ である。$\Delta G = 1$、$\Delta T = 0$ と置くことにより、

$$\begin{cases} 0.4\Delta Y + 4\Delta r = 1 \\ 0.3\Delta Y - 12\Delta r = 0 \end{cases}$$

これより、$\Delta Y = 2$ となる。

解　答　(3)

クラウドアウト

一国の閉鎖経済が、次のマクロモデルによって記述されている。

財市場：$\begin{cases} C = 0.8Y + 36 \\ I = -5r + 30 \\ G = 30 \end{cases}$　　貨幣市場：$\begin{cases} L = 0.3Y - 5r + 6 \\ M = 120 \end{cases}$

ただし、C は消費、Y は国民所得、I は投資、G は政府支出、L は貨幣需要量、M は貨幣供給量、r は利子率を表す。政府支出が5増えるとき、民間投資はどれだけクラウドアウトされるか。

(1)　3
(2)　6
(3)　9
(4)　12

〈難易度：B〉

財市場の均衡条件 $Y = C + I + G$、貨幣市場の均衡条件 $L = M$ より、

　　IS 曲線　：$0.2Y + 5r = 66 + G$

　　LM 曲線：$0.3Y - 5r = 114$

である。

　$G = 30$ の均衡においては $Y = 420$、$r = 2.4$ であり、民間投資は $I = 18$ である。G が5増加して $G' = 35$ となった均衡においては $Y' = 430$、$r' = 3$ であるから、民間投資は $I = 15$ となる。

　したがって、民間投資のクラウディング・アウト $= 18 - 15 = 3$ である。

解　答　　(1)

③ IS-LM分析3（財政金融政策が無効となるケース、流動性のわなを含む）

流動性の罠

　IS-LM 分析の枠組みで考える。金融緩和政策が GDP に影響を与えない要因として、最も適切なものはどれか。

(1)　投資の利子弾力性が小さい

(2)　投資の利子弾力性が無限大

(3)　貨幣需要の利子弾力性が小さい

(4)　貨幣需要の利子弾力性が無限大

〈難易度：C〉

　名目マネーサプライを増加させる金融緩和政策が GDP に影響を与えないのは、(a) *IS* 曲線が垂直であるため右上がりの *LM* 曲線が下にシフトしても均衡 GDP が不変の場合、(b) *LM* 曲線の水平部分で均衡が生じる「流動性の罠」に陥っている場合である。

　(a) *IS* 曲線が垂直となる状況は、投資の利子弾力性＝ゼロのときに生じる。投資の利子弾力性が小さくてもゼロでなければ、*IS* 曲線は右下がりとなり、均衡 GDP は変化する。

　(b) *LM* 曲線が水平となる状況は、貨幣需要の利子弾力性が無限大のとき生じる。

　したがって、(4)が正しい。

解　答　(4)

金融緩和政策

　民間投資が利子率に対して完全に非弾力的な場合、通貨供給量を増加させる金融緩和政策が利子率や国内所得に対して及ぼす効果として、正しいものはどれか。

(1)　利子率は下落して、国内所得は増加する。

(2)　利子率は下落して、国内所得は変化しない。

(3)　利子率は変化せず、国内所得は増加する。

(4)　利子率も、国内所得も変化しない。

〈難易度：B〉

　民間投資が利子率に対して完全に非弾力的である場合、有効需要の原理が $Y=C(Y)+I(Y)$ となるから、国民所得 Y の水準が利子率と独立に規定される。

　よって、IS 曲線は垂直となる。通貨供給量が増加すると LM 曲線が右下にシフトし、均衡点は垂直な IS 曲線上を下方に移動する。

　すなわち、利子率は下落し、国民所得は変化しない。

　したがって、(2)が正しい。

解　答　　(2)

財政支出乗数

IS-LM 分析において、財政支出乗数が相対的に大きくなるものは、次のうちどのケースか。

(1) 民間投資の利子弾力性が大きい場合
(2) 限界消費性向が小さい場合
(3) 貨幣需要の利子弾力性が大きい場合
(4) 貨幣需要の所得弾力性が大きい場合

〈難易度：A〉

財政支出乗数が大きくなるのは、(a) LM 曲線の傾きが小さい場合、(b) IS 曲線のシフトが大きい場合である。

(a)は、一定量の Y の増加による貨幣需要関数の上へのシフトが小さいとき利子率の上昇が小さいことから、貨幣需要の所得弾力性が小さいときに生じることがわかる。(4)はこれと逆なので誤りである。また、「流動性の罠」のケースで、貨幣需要の利子弾力性が無限大のときに LM 曲線が水平になることを想起すると、(3)の場合に LM 曲線の傾きは小さいことがわかる。

(b)に関して、$r=$一定として45度線分析で考えると、総需要のグラフの傾き＝限界消費性向が小さいほど、G の一定量の増加にともなう均衡（45度線と総需要のグラフの交点）での Y の増加分は小さいから、IS 曲線のシフトは小さい。よって、(2)は誤りである。

(1)の民間投資の利子弾力性の大小は、IS 曲線の傾きを規定するのであり、シフトの大きさに影響するわけではない。

解　答　(3)

④ AD-AS（ADAS分析）

総需要・総供給曲線分析

閉鎖経済における総需要・総供給曲線とそれを用いた分析に関する以下の記述のうち、**誤っている組合せはどれか**。ただし、総需要曲線は右下がり、総供給曲線は右上がりである。

A　総需要曲線とは、財市場と貨幣市場を同時に均衡させる物価と実質 GDP の関係を示すものである。

B　総供給曲線とは、名目賃金が伸縮的なとき、企業の利潤最大化条件と整合的な物価と実質 GDP の関係を示すものである。

C　中央銀行がマネー・サプライを増加させたとき、名目賃金が硬直的ならば実質 GDP は増加する。

D　中央銀行がマネー・サプライを増加させたとき、名目賃金が硬直的ならば物価は低下する。

⑴　A と C

⑵　A と D

⑶　B と C

⑷　B と D

〈難易度：B〉

A は総需要曲線の定義である。B の総供給曲線は、マクロ生産関数 $Y = F(N)$ とするとき企業の利潤最大化条件（古典派の第 1 公準）$W = PF'(N)$ を満たす労働量 $N^* = N(W/P)$ が雇用されたときの GDP 水準 Y と物価 P との関係を示すものである。すなわち、名目賃金 $W =$ 一定の下で、$Y = F(N(W/P))$ を満たす P と Y との間に成り立つ関係である。

C は、名目賃金が硬直的なとき、総需要曲線の背後にある IS-LM モデルの均衡で成り立つ結果である。

D については、まずマネーサプライ M の増加により、$P =$ 一定の下での IS-LM モデルの均衡で Y が増加する。これより、総需要曲線が右上にシ

フトすることがわかる。総供給曲線が右上がりなので、総需要曲線と総供給曲線の交点で決まる物価 P は上昇する。

したがって、BとDが誤りであり、誤っている組合せは(4)である。

解　答　　(4)

━AD-AS分析━

以下のマクロモデルを考える。

$$Y = C + I \qquad C = 20 + 0.8Y \qquad I = 80 - 3r$$
$$L = 200 + 0.1Y - 6r \qquad M = 500 \qquad Y_F = 250$$

ただし、Y：実質国民所得、C：実質消費、I：実質投資、r：利子率、M：名目貨幣供給残高、L：実質貨幣需要、Y_F：完全雇用実質国民所得である。

経済が完全雇用水準にあるときの物価水準 P として、正しいものはどれか。

(1) 1

(2) 2

(3) 3

(4) 4

〈難易度：B〉

国民所得と物価との関係を導くため、総需要（AD）曲線を求める。

IS 曲線は、$Y = (20 + 0.8Y) + (80 - 3r)$ より、$0.2Y = 100 - 3r$ である。

LM 曲線は、$200 + 0.1Y - 6r = 500/P$ より、$0.1Y = (500/P) - 200 + 6r$ である。

AD 曲線は、利子率 r を消去することにより、$0.5Y = 500/P$ となる。

Y に完全雇用の国民所得 $Y_F = 250$ を代入すると、物価水準は $P = 4$ となる。

したがって、(4)が正しい。

解　答　(4)

マクロ経済の一般均衡

一国のマクロ経済が次の AD－AS モデルによって記述されている。

財市場：
$$\begin{cases} Y = C + I + G \\ C = 36 + 0.8Y \\ I = 30 - 4r \\ G = 30 \end{cases}$$

貨幣市場：
$$\begin{cases} L = \dfrac{M}{P} \\ L = 6 + 0.3Y - 4r \\ M = 180 \end{cases}$$

労働市場：
$$\begin{cases} Y = 18N^{1/2} \\ W = 0.9 \end{cases}$$

ただし、Y：実質国民所得、C：実質消費、I：実質投資、G：実質政府支出、L：実質貨幣需要、P：物価水準、r：利子率、M：名目マネーサプライ、N：雇用量、W：名目賃金とする。均衡における利子率 r はいくらか。

(1)　0.5

(2)　3

(3)　6

(4)　10

〈難易度：A〉

　このAD－ASモデルの均衡を求める。第1に、IS曲線は、$Y = C + I + G = (36 + 0.8Y) + (30 - 4r) + 30$より、$0.2Y = 96 - 4r$であり、$LM$曲線は、$6 + 0.3Y - 4r = 180/P$である。これら2式から利子率$r$を消去すると$0.5Y = 90 + 180/P$であるから、$AD$曲線は$Y = 180 + 360/P$である。第2に、$AS$曲線を導くため、まず利潤＝$P \cdot 18N^{(1/2)} - WN$を最大化する労働量が満たすべき一階条件$9P/\sqrt{N} = W = 0.9$を用いると、$\sqrt{N} = 10P$が導かれる。これを生産関数に代入することにより、$AS$曲線は、$Y = 180P$である。第3に、$AD$曲線と$AS$曲線の式から$Y$を消去すると$180P = 180 + 360/P$となるから、これを解いて、物価は$P = 2$である。このときの国民所得$Y = 360$を$IS$曲線の式に代入すれば、均衡利子率は$r = 6$である。

解　答　(3)

⑤　国際経済1（貿易・経常収支、為替レート）

┌─ 購買力平価 ─

「購買力平価」の説明として、正しいものはどれか。

(1)　為替レートで単位を同じにした2国の物価水準が等しくなること

(2)　為替レートで単位を同じにした2国の GDP が等しくなること

(3)　為替レートで調整した2国の名目利子率が等しくなること

(4)　為替レートで調整した2国の実質利子率が等しくなること

〈難易度：B〉

　「（絶対的）購買力平価」説では、裁定取引により各国の間で一物一価の法則が成立する長期において、為替レート e は同一通貨で評価した自国物価 P と外国物価 P^* とが均等化するように、すなわち、$P = eP^*$ が成り立つように決まるとされる。

　したがって、(1)が正しい。

解　答　　(1)

経常収支

　民間の投資が100兆円、貯蓄が60兆円、政府の財政赤字が50兆円であるとき、その国の経常収支について、正しいものはどれか。

(1)　10兆円の黒字

(2)　40兆円の黒字

(3)　40兆円の赤字

(4)　90兆円の赤字

〈難易度：B〉

　生産面からみた国民所得を Y とするとき、分配面からみた国民所得 $Y=C+S+T$、支出面からみた国民所得 $Y=C+I+G+EX-IM$ である（I：投資、S：貯蓄、G：政府支出、T：租税、EX：輸出、IM：輸入）。

　したがって、$S-I=(G-T)+(EX-IM)$、すなわち、民間の貯蓄超過＝財政収支の赤字＋経常収支の黒字という関係が成り立つ。

　$I=100$、$S=60$、$G-T=50$ であるから、$60-100=50+(EX-IM)$ より $EX-IM=-90$、すなわち経常収支は90兆円の赤字である。

　したがって、(4)が正しい。

解　答　(4)

金融政策

中央銀行の金融政策に関する記述のうち、適切なものはどれか。

(1) 外国為替市場において日本銀行がドル買い円売りの非不胎化介入を行うと、日本の金融市場に資金供給した効果をもつ。

(2) 中央銀行の負債である準備預金と現金通貨の合計を、マネーサプライと呼ぶ。

(3) 名目利子率が引き上げられると、貨幣保有の機会費用は低下し、貨幣需要が増大する。

(4) 外国為替市場への不胎化介入には、ハイパワード・マネーの増減を伴う。

〈難易度：B〉

　不胎化介入とは、中央銀行が外国為替市場への介入に際して外国資産の買い（売り）によるマネーサプライへの影響を相殺するように、自国資産の売り（買い）という反対取引を同時に実施する政策のことである。

　(1)について、日本銀行がドル買い円売りの非不胎化介入を行うときには、円の供給（マネーサプライ）が増えるので、日本の金融市場に資金供給するのと同じ効果がある。

　(2)について、中央銀行の準備預金と現金の合計は、「ハイパワード・マネー」である。

　(3)について、名目利子率は貨幣保有の機会費用であるから、「機会費用が上昇し、貨幣需要が減少する」が正しい。

　(4)について、不胎化介入では、上記のようにして中央銀行がマネーサプライを一定に保つので、ハイパワード・マネー（現金＋預金準備）の増減は伴わない。

　したがって、(1)が適切である。

解　答　　(1)

⑥　国際経済2（輸出乗数、マンデル・フレミング）

──マンデル＝フレミング・モデル──

　国際資本移動が完全な小国開放経済モデルを想定する。横軸に
GDP、縦軸に利子率をとった平面上に右下がりの *IS* 曲線と右上がり
の *LM* 曲線を描けるとする。なお、外国の政策は一定であるとする。
このとき、金融緩和政策の効果として、正しいものはどれか。

(1)　固定為替相場制の下で金融緩和政策を実施した結果として外貨準
　　備が増加する。

(2)　固定為替相場制の下で金融緩和政策を実施した結果として GDP
　　が増加する。

(3)　変動為替相場制の下で金融緩和政策を実施した結果として自国通
　　貨が減価する。

(4)　変動為替相場制の下で金融緩和政策を実施しても為替相場に影響
　　しない。

〈難易度：B〉

　金融緩和政策により *LM* 曲線が右下にシフトすると、自国の国内利子率
が低下するため、外国への資本流出を通じて、外国為替市場で自国通貨
（円）売り・外国通貨（ドル）買いが生じる。固定為替相場制の下では、
自国通貨への減価圧力を相殺するべく中央銀行が自国通貨買い・外国通貨
売りの為替介入を行うため、自国のマネーサプライが（内生的に）減少す
るとともに、(1)の外貨準備は減少する。

　このプロセスは内外金利差が消滅するまで続くため、*LM* 曲線が元の位
置に戻ったときに終了する。したがって、(2)の GDP は変化しない。

　変動為替相場制の下では、外国への資本流出により自国通貨が減価（円
安）することから、(3)は正しく、(4)は誤りである。

解　答　　(3)

経済政策の有効性

マンデル＝フレミング・モデルで記述される一国経済を考える。この国が変動為替相場制の下にあり、国際資本移動が完全であるとき、マクロ経済政策により完全雇用が達成可能か否かに関する記述のうち、正しいものはどれか。

(1) 減税により可能であるが、政府支出の増加によっては不可能である。

(2) 政府支出の増加により可能であるが、マネーサプライの増加によっては不可能である。

(3) マネーサプライの増加により可能であるが、政府支出の増加の効果は為替レートの調整によって相殺される。

(4) 政府支出の増加もマネーサプライの増加も究極的には為替レートの調整によって相殺されるため、どちらによっても不可能である。

〈難易度：B〉

政府支出の増加や減税が行われると、IS 曲線が上にシフトするため国内利子率が外国利子率を上回り、外国からの資本流入が生じる。これにより、外国為替市場で自国通貨（円）買い・外国通貨（ドル）売りが生じ、変動為替相場制の下では自国通貨が増価する（円高）ため、輸出は減少、輸入は増加（純輸出が減少）し、IS 曲線は下にシフトする。このプロセスは内外金利差が消滅するまで続くため、IS 曲線が元の位置まで戻ったときに終了する。よって、GDP は変化しない（財政政策無効性命題）。したがって、(1)、(2)は誤りである。

マネーサプライが増加すると、LM 曲線が右下にシフトして国内利子率が低下するため、資本流出を通じて自国通貨の減価（円安）が生じる。純輸出の増加により IS 曲線が上にシフトし、GDP は増大する。したがって、(4)は誤りであり、(3)が正しい。

解答 (3)

4. 経済政策

━━マンデル＝フレミング・モデル━━

　変動為替相場制のもとで国際資本移動が完全な状況の下にある小国開放経済が次のようなモデルで示されている。

$$Y = C + I + G + CA$$
$$C = 0.9Y + 20、I = 50 - 200r、G = 20、CA = 50 - 0.1Y + e$$
$$M = L$$
$$L = 50 + 0.1Y - 100r、r = r^*、r^* = 0.1$$

　ただし、Y：国民所得、C：消費、I：投資、G：政府支出、CA：経常収支、r：国内利子率、r^*：外国の利子率、e：為替レート、M：貨幣供給量、L：貨幣需要量とする。

　このとき貨幣供給量（M）を140から150に増加させたときの、（邦貨建ての）為替レート（e）の変化について、正しいものはどれか。

(1)　為替レートは80から90へ減価する。

(2)　為替レートは80から100へ減価する。

(3)　為替レートは100から80へ増価する。

(4)　為替レートは90から80へ増価する。

〈難易度：B〉

　IS 曲線は、$Y = C + I + G + CA = (0.9Y + 20) + (50 - 200r) + 20 + (50 - 0.1Y + e)$ より、$0.2Y + 200r = 140 + e$ である。

　LM 曲線は、$50 + 0.1Y - 100r = M$ より、$0.1Y - 100r = M - 50$ である。

　マンデル＝フレミング・モデルでは、国内利子率 r＝外国利子率 $r^*＝0.1$ が先決されるから、これを LM 曲線の式に代入すれば、$0.1Y = M - 40$ を得る。これと IS 曲線の式から Y を消去して e について解けば、$e = 2M - 200$ となる。

　よって、$M = 140$ のとき $e = 80$、$M = 150$ のとき $e = 100$ であり、(2)が正しい。

解　答　(2)

5．動学的分析

① 経済成長1（ハロッド・ドーマー、新古典派成長理論、成長会計）

ソロー経済成長モデル

マクロ生産関数が、次のように特定化できるものとする。

$$Y = K^{\frac{1}{2}} L^{\frac{1}{2}}$$

ただし、Y は生産量、K は資本ストック、L は労働人口である。ここで、貯蓄率が10%、労働人口成長率が1%、資本減耗率はゼロと仮定すると、新古典派成長モデルの定常状態での1人当たりの資本ストック（$=K/L$）の値として、正しいものはどれか。

(1)　0.1

(2)　1.0

(3)　10.0

(4)　100.0

〈難易度：B〉

貯蓄率を s、労働人口成長率 $\left(\dfrac{\Delta L}{L} \right)$ を n とする。

財市場の均衡式は、投資＝貯蓄となるので、

$$\Delta K = sY$$

となる。つまり、

$$\Delta K = sK^{\frac{1}{2}} L^{\frac{1}{2}}$$

両辺を L で割って、

$$\frac{\Delta K}{L} = s \left(\frac{K}{L} \right)^{\frac{1}{2}} \quad (1)$$

ここで、$k = \dfrac{K}{L}$ とし微分すると、

$$\Delta k = \frac{\Delta K}{L} - \frac{K}{L} \frac{\Delta L}{L} = \frac{\Delta K}{L} - nk$$

となるので、これに(1)式を代入すると、

経済成長の基本方程式

$$\Delta k = sk^{\frac{1}{2}} - nk$$

を得る。定常状態（$\Delta k = 0$）において、

$$sk^{\frac{1}{2}} = nk$$

より、$0.1/0.01 = k^{\frac{1}{2}}$、$k = 100$ となる。

解　答　　(4)

成長会計

マクロ生産関数が、次のように与えられている。

$$Y = AK^{1/3}L^{2/3}$$

ただし、Y：産出量、A：全要素生産性、K：資本ストック量、L：労働人口とする。いま、全要素生産性の成長率が 1 %、資本ストックの成長率が 6 %、労働人口の成長率が 3 %であったとする。このとき、産出量の成長率、すなわち、経済成長率は何%になるか。

(1)　1 %

(2)　4 %

(3)　5 %

(4)　10%

〈難易度：C〉

問題文のコブ＝ダグラス型生産関数を対数変換すると、

$$lnY = lnA + \frac{1}{3}lnK + \frac{2}{3}lnL$$

となる。これを全微分すると、$\Delta lnX = \frac{\Delta X}{X}$ より、

$$\frac{\Delta Y}{Y} = \frac{\Delta A}{A} + \frac{1}{3} \times \frac{\Delta K}{K} + \frac{2}{3} \times \frac{\Delta L}{L}$$

となる。ここで、変数記号に Δ を付した場合には、その変数の増分を示す。

　したがって、

$$\frac{\Delta Y}{Y} = 0.01 + \frac{1}{3} \times 0.06 + \frac{2}{3} \times 0.03 = 0.01 + 0.02 + 0.02 = 0.05$$

となり、産出量の成長率は 5 %である。

解　答　(3)

内的成長理論

　マクロ生産関数が $Y(t)=A(t)K(t)$ で与えられている。ただし、$Y(t)$：t 期の産出量、$K(t)$：t 期の資本ストック、$A(t)$：t 期の技術水準である。労働人口の増加率 n、貯蓄率 s を一定とし、資本減耗はないものとする。このとき、1人当たり産出量の成長率について、誤っているものはどれか。ただし、$sA-n>0$ とする。

(1)　技術水準の上昇率が高まると、1人当たり産出量の成長率は上昇する。

(2)　貯蓄率を高める政策が行われると、1人当たり産出量の成長率は上昇する。

(3)　技術水準の上昇率がゼロのとき、1人当たり産出量の成長率はゼロになる。

(4)　人口増加率が上昇すると、1人当たり産出量は減少する。

〈難易度：A〉

　内生的成長理論における AK モデルに関連する応用的設問である。

　t 期の労働人口を $L(t)$ とすると、1人当たり資本ストックは $k=\dfrac{K}{L}$、1人当たり産出量は $y=\dfrac{Y}{L}$ で表される。1人当たり生産関数は $y=Ak$ と表され、

$$\frac{\dot{y}}{y}=\frac{\dot{A}}{A}+\frac{\dot{k}}{k} \qquad ①$$

が成立する。ただし、「・」は変数の時間微分を表す。貯蓄＝投資の均衡条件より、

$$\dot{K}=sY=sAK$$

この両辺を L で割ると、

$$\frac{\dot{K}}{L}=sAk \qquad ②$$

また、$\dot{k}$ は $\dfrac{\dot{L}}{L}=n$ より、

$$\dot{k} = \frac{\dot{K}L - K\dot{L}}{L^2} = \frac{\dot{K}}{L} - nk \qquad ③$$

②を③に代入し整理すると、k の成長率は、

$$\frac{\dot{k}}{k} = sA - n \qquad ④$$

となる。ここで、④を①に代入すると、y の成長率は、

$$\frac{\dot{y}}{y} = \frac{\dot{A}}{A} + sA - n$$

で与えられる。したがって、技術水準の上昇率 $\left(\dfrac{\dot{A}}{A}\right)$ または貯蓄率 s の上昇は y の成長率を上昇させる。

　また、技術水準の上昇率がゼロ $\left(\dfrac{\dot{A}}{A}=0\right)$ でも、$\dfrac{\dot{y}}{y}=sA-n>0$ なので、y は一定率で増大することがわかる。つまり、この場合、外生的である技術水準の上昇率がゼロでも、$sA-n>0$ というモデル内の要因によって恒常的に y が増大する。一般に、このケースが AK モデルの基本型に該当する。一方、人口成長率 n が上昇すれば y は低下する。

 解　答　　(3)

黄金律

新古典派成長モデルの定常状態が、次のように与えられている。

$$c = 2k^{1/2} - (\delta + n)k、$$

ただし、c：1人当たりの消費、k：1人当たりの資本ストック、δ：減価償却率、n：人口成長率とする。このモデルで、$\delta = 0.15$、$n = 0.05$とすれば、資本蓄積の黄金律水準に該当する k として適切なものは次のうちどれか。

(1)　4

(2)　9

(3)　16

(4)　25

〈難易度：B〉

経済成長の基本方程式は、

$$\Delta k = sy - (\delta + n)k$$

である。ただし、s は貯蓄率、y は1人当たり生産量（設問では、$y = 2k^{1/2}$）である。したがって、定常状態での k、すなわち、$\Delta k = 0$を満たす k は、貯蓄率 s、資本減耗率 δ、人口成長率 n の数値の組合せによって複数存在する。そのような複数ある定常状態の中で、1人当たりの消費を最大にするような k を、資本蓄積の黄金律水準と呼ぶ（通常、新古典派の経済成長論では黄金律水準の k はただ一つ存在する）。1人当たりの消費 c を最大化する条件は、

$$\partial c / \partial k = 0$$

であり、設問に即して示せば、

$$\partial c / \partial k = k^{-1/2} - 0.2 = 0$$

となる。つまり、$k^{1/2} = 5$、したがって、$k = 25$となる。

解　答　(4)

③　景気循環（マクロ経済変動、在庫循環）

在庫投資

　下図は在庫循環の概念図である。このとき、正しい記述は次のうちどれか。

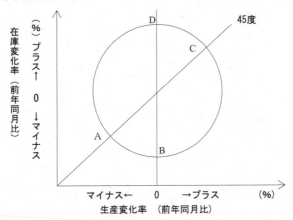

(1)　経済の循環は、円を時計回り（右回り）で動き、循環の谷はA
　　で山はBである。

(2)　経済の循環は、円を時計回り（右回り）で動き、循環の谷はB
　　で山はDである。

(3)　経済の循環は、円を反時計回り（左回り）で動き、循環の谷はA
　　で山はCである。

(4)　経済の循環は、円を反時計回り（左回り）で動き、循環の谷はB
　　で山はDである。

〈難易度：C〉

在庫の変換は、次のように示すことができる。

　　　　在庫変化＝意図した在庫変化＋意図せざる在庫変化

　ここで意図した在庫変化と意図せざる在庫変化の明確な区別を統計数値
として示すことは難しい。しかし、両者の動きをある程度識別する方法と

して在庫循環の図がある。

　図において、経済の循環は、円を反時計回り（左回り）で動く。循環の谷であるAから、意図せざる在庫減少局面を経てBに達し、Bから意図した在庫増による在庫積み増し局面となり循環の山であるCに到達する。そして、Cから、意図せざる在庫増加局面を経てDに達し、Dから意図した在庫減による在庫調整局面となりAに戻る。

解　答　　(3)

意図せざる在庫投資

　ある期間において、「統計上の在庫投資」が、"プラス100"であった。一方、「意図した在庫投資」が"プラス80"であることが判明した。この期間における財市場の状態として正しいものは次のうちどれか。

(1)　均衡

(2)　超過供給

(3)　超過需要

(4)　一義的には言えない。

〈難易度：Ｃ〉

　統計上の在庫投資は、企業が将来を見据えて「意図した在庫投資」と、企業にとって想定外の「意図せざる在庫投資」からなっている。つまり、

　　　統計上の在庫投資＝意図した在庫投資＋意図せざる在庫投資

　したがって、本問の場合、

　　　プラス100＝プラス80＋意図せざる在庫投資

となり、意図せざる在庫投資はプラス20である。

　意図せざる在庫投資がプラスの場合は、想定外に財が売れなかった状態であり財市場は超過供給、意図せざる在庫投資がマイナスの場合は、想定外に財が売れた状態であるので財市場は超過需要、意図せざる在庫投資がゼロの場合は想定通りに財が売れた状態であるので財市場は均衡となる。

解　答　(2)

マクロ経済変動

　サミュエルソン＝ヒックスの乗数・加速度型モデルによる景気循環について、誤っている記述は次のうちどれか。

(1)　消費は、所得ラグをともなうケインズ型消費関数によって決まる。

(2)　粗投資は所得の増加に比例して決まる。

(3)　定常状態に達するまで資本ストックは増加する。

(4)　資本過剰が解消するまで資本ストックは減少する。

〈難易度：Ｂ〉

　サミュエルソン＝ヒックスの乗数・加速度型モデルでは、

　　所得 Y_t は資本ストック K_t と固定的に比例し、$Y_t = (1/v)K_t$

　　消費 C_t は所得ラグ Y_{t-1} をともなうケインズ型で、$C_t = cY_{t-1} + \bar{c}$

　　粗投資 I_t は所得ラグの増加に比例し、$I_t = \alpha(Y_{t-1} - Y_{t-2})$

　純投資は、粗投資から資本減耗分 D を差し引き、$K_{t+1} - K_t = I_t - D$
となる。なお、$\bar{c}$ は定数、v、c、α はパラメータ。したがって、

　　$K_{t+1} - K_t = \alpha(Y_{t-1} - Y_{t-2}) - D > 0$

であるかぎり、K_{t+1} は増加し Y_{t+1} も増加する。しかし、完全雇用で景気循環の天井となり、その後は $I_t = 0$ となって D だけ資本が毎期減少する景気後退となる。やがて、過剰資本が解消されたところで景気循環の底となり、以後は、$\alpha(Y_{t-1} - Y_{t-2}) - D > 0$ となるように I_t がプラスとなって資本ストックが増加し景気上昇となる。したがって、(3)は誤りである。

解　答　　(3)

インフレーションの形態

インフレーションに関する記述のうち、誤っているものはどれか。

(1) 物価水準が緩やかで持続的な上昇を続けるときを、クリーピング・インフレーションと呼ぶ。

(2) 総供給が総需要を上回ることにより発生する物価水準の上昇をディマンドプル・インフレーションと呼ぶ。

(3) インフレ率が低下したがデフレーションにはなっていないときを、ディスインフレーションと呼ぶ。

(4) 生産投入価格の上昇が原因で発生する物価水準の上昇をコストプッシュ・インフレーションと呼ぶ。

〈難易度：C〉

総需要が総供給を上回ることにより発生する物価水準の上昇をディマンドプル・インフレーションと呼ぶ。

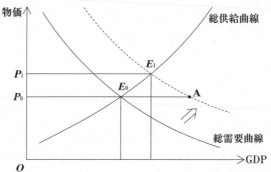

上の図では、初期均衡点 E_0 より総需要曲線の右シフトにより物価 P_0 のもとでは、E_0A の分だけ総需要が総供給を上回る。結果、物価水準が P_1 へ上昇し、新しい均衡点は E_1 となる。

解 答 (2)

181

靴底コスト

実質所得 y、名目利子率 i（％）に依存する貨幣需要関数が、
$$\frac{M}{P} = L(y, \ i) = y - 0.5i \quad （M：貨幣供給量、P：物価水準）$$
によって表される場合、名目利子率が2％の場合のインフレのコスト（靴底コスト）として、正しいものはどれか。ただし、実質利子率は0％とする。

(1) 0.2
(2) 0.5
(3) 1.0
(4) 2.0

〈難易度：A〉

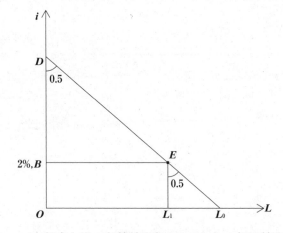

フィッシャー方程式より、実質利子率0％のとき、名目利子率0％ならば、期待インフレ率0％である。上の図では、貨幣保有が L_0 となり、△ DOL_0 が貨幣保有者の余剰（消費者余剰に該当）で、これが社会的余剰となる。

一方、実質利子率0％で、名目利子率2％ならば、期待インフレ率2％である。

図では、貨幣保有が L_1 となり、△ DBE が貨幣保有者の余剰となる。

また、□ BOL_1E がインフレファイナンスによる政府の通貨発行益（税

収に該当）となり、$\triangle DBE$ と$\square BOL_1E$ を合計して社会的余剰となる。つまり、期待インフレ率が 2 ％では、$\triangle EL_1L_0$ が死荷重としてインフレのコスト（靴底コスト）になる。図では三角形の面積なので、

インフレのコスト$=L_1L_0 \times EL_1 \div 2 = 0.5 \times 2 \times 2 \div 2 = 1$

となる。

解　答　　(3)

┌───┐
期待インフレ

　金融市場において、名目利子率が5％、実質利子率が3％であるとき、市場参加者の期待インフレ率として正しい値は次のうちどれか。

(1)　15％

(2)　8 ％

(3)　2 ％

(4)　1.5％

〈難易度：C〉
└───┘

　　　今期の実質値＝今期の名目値÷今期の物価……①

　　　来期の実質値＝来期の名目値÷来期の物価……②

　ここで、名目利子率を i、実質利子率を r、予想インフレ率を π^e とすると、

　　　来期の実質値＝今期の実質値×$(1+r)$

　　　来期の名目値＝今期の名目値×$(1+i)$

　　　来期の物価＝今期の物価×$(1+\pi^e)$

となる。

　したがって、②式は、

　　　今期の実質値×$(1+r)=\{$今期の名目値×$(1+i)\}÷\{$今期の物価×

　　　　　　　　　　　　$(1+\pi^e)\}$

となり、①式より、

　　　$(1+r)=(1+i)÷(1+\pi^e)$

となる。

　上式の両辺に $(1+\pi^e)$ を掛けて整理すると、

　　　$r=i-\pi^e-r\pi^e$

　ここで、$r\pi^e$ は小数×小数であり、その値はゼロに近似できるとすると、フィッシャー方程式

　　　$r=i-\pi^e$

が導ける。設問では、

　　　$0.03=0.05-\pi^e$

なので、

　　　$\pi^e=0.02(=2\%)$

となる。

5. 動学的分析

⑤ インフレーション2(フィリップス曲線、賃金の下方硬直性、自然失業率)

自然失業率

期待インフレ率（％）を考慮した短期フィリップス曲線が、次のように表されるものとする。

$$\pi = 12 - 3u + \pi^e$$

ただし、π：インフレ率、u：失業率、π^e：期待インフレ率とする。このとき自然失業率（％）として、正しいものはどれか。

(1)　4.0

(2)　5.0

(3)　6.0

(4)　7.5

〈難易度：B〉

長期においては、$\pi = \pi^e$ が成立する。

これを設問の短期フィリップス曲線に代入すると、$0 = 12 - 3u$、したがって、$u = 4.0$（％）がこの場合の自然失業率となるので、(1)が正しい。

解　答　　　(1)

─フィリップス曲線─

以下は、失業に関する記述である。

（記述）

> フィリップス曲線は、㋐と失業率の関係を示している。一方、物価版フィリップス曲線は、㋑と失業率の関係を示している。

上記㋐㋑の組合せとして正しいものは次のうちどれか。

	（ア）	（イ）
(1)	名目賃金上昇率	物価上昇率
(2)	実質賃金上昇率	物価上昇率
(3)	名目賃金上昇率	物価水準
(4)	実質賃金上昇率	物価水準

〈難易度：C〉

　縦軸を名目賃金上昇率、横軸を失業率として、両者の関係が右下がりであることがフィリップスによって示された。これをフィリップス曲線と呼ぶ。

　その後、フリードマン他によって、縦軸を物価上昇率、横軸を失業率とした物価版フィリップス曲線が議論されるようになった。そして、物価版フィリップス曲線が、短期では右下がり、長期では垂直になることが理論的に示された。

　したがって、(1)が正しい。

解　答　　(1)

賃金の下方硬直性

　「名目賃金の下方硬直性」が成立する下で、起こりうる現象として正しいものはどれか。ただし、初期状態として労働市場は均衡にあるものとする。

(1)　初期状態から物価水準が低下すれば、名目賃金は低下する。

(2)　初期状態から物価水準が低下すれば、名目賃金は上昇する。

(3)　初期状態から物価水準が上昇すれば、名目賃金は上昇する。

(4)　初期状態から物価水準が上昇すれば、名目賃金は低下する。

〈難易度：C〉

　実質賃金は名目賃金÷物価水準である。

　次頁の図のように、労働市場は実質賃金に対応して労働の需要と供給が導かれる。したがって、物価水準が上昇すれば、実質賃金が低下することになる。そこでは人手不足が発生し、名目賃金が上昇して実質賃金はもとの均衡水準に戻る。

　一方、物価水準が低下すれば、実質賃金が上昇する。そこでは非自発的失業が発生するが、名目賃金は低下しない。なぜなら、労働者は名目賃金の上昇は受け入れるが低下には抵抗するからである。

　このように、名目賃金が上方に伸縮的で、下方に硬直的な性質を「名目賃金の下方硬直性」という。

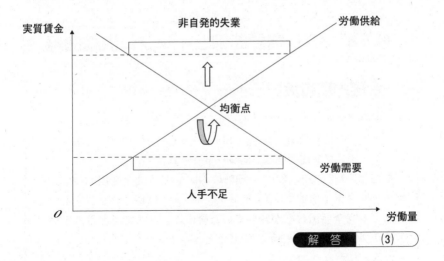

解　答　(3)

⑥　インフレ需要曲線とインフレ供給曲線

合理的期待仮説

　一国の経済が次のマクロ・モデルによって記述されている。

$$\begin{cases} \text{インフレ供給曲線：} \pi = \pi^e + \alpha(Y - Y_F)、\alpha > 0 \\ \text{インフレ需要曲線：} \pi = m - \beta(Y - Y_{-1})、\beta > 0 \end{cases}$$

　ただし、Y：GDP、Y_{-1}：一期前の GDP、Y_F：完全雇用 GDP、m：マネーサプライ増加率、π：インフレ率、π^e：期待インフレ率とする。これまで完全雇用状態が続いていた経済に、ここで予期されないマネーサプライ率の増加 Δm が生じたときのインフレ率として、正しいものはどれか。

(1)　$m + \Delta m$

(2)　$\dfrac{\alpha\beta}{\alpha+\beta}(m + \Delta m)$

(3)　$\dfrac{1}{\alpha+\beta}(m + \Delta m)$

(4)　$m + \dfrac{\alpha}{\alpha+\beta}\Delta m$

〈難易度：B〉

　完全雇用が続いていた状態では $Y = Y_{-1} = Y_F$、$\pi = \pi^e = m$ が成立していた。ここで予想されない Δm が生じると、$\pi^e = m$ のまま、π と Y に変化が生じる。新しいインフレ需要曲線では、$Y_{-1} = Y_F$ なので、

$$\pi = m + \Delta m - \beta(Y - Y_F) \quad \cdots\cdots ①$$

となり、インフレ供給曲線とともに整理すると GDP ギャップ $(Y - Y_F)$ は、

$$Y - Y_F = \frac{\Delta m}{\alpha+\beta} \cdots\cdots ②$$

となる。②を①に代入すると、

$$\pi = m + \frac{\alpha}{\alpha+\beta}\Delta m$$

したがって、(4)が正しい。

解　答　　(4)

インフレ供給曲線・インフレ需要曲線

マクロ経済が、

インフレ供給曲線：$\pi_t = \pi_t^e + (Y_t - Y_F)$

インフレ需要曲線：$\pi_t = m_t - 2(Y_t - Y_{t-1})$

で与えられている。ただし、π_t は t 期のインフレ率（%）、π_t^e は t 期の期待インフレ率（%）、Y_t は t 期の実質国民所得、Y_F は完全雇用実質国民所得、m_t は t 期の名目マネーストック変化率（%）とし、静学的期待（$\pi_t^e = \pi_{t-1}$）を仮定する。この経済において、t 期までは、$m_t = m_{t-1} = \cdots\cdots = 5\%$ のもとで完全雇用であったが、$t+1$ 期に $m_{t+1} = 8(\%)$ とする金融政策が実行された。このとき、GDP ギャップ$(Y_{t+1} - Y_F)$ の値として適切なものは次のうちのどれか。

(1)　1

(2)　2

(3)　3

(4)　12

〈難易度：B〉

---

t 期までは、$m = 5$ のもとで、$Y_t = Y_F = Y_{t-1}$、$\pi_t = \pi_t^e = \pi_{t-1} = 5$ である。

$t+1$ 期についてモデルを記述すると、

インフレ供給曲線：$\pi_{t+1} = \pi_{t+1}^e + (Y_{t+1} - Y_F)$

インフレ需要曲線：$\pi_{t+1} = m_{t+1} - 2(Y_{t+1} - Y_t)$

となる。ここで、$m_t = 5$、$m_{t+1} = 8$、$\pi_{t+1}^e = \pi_t = 5$、$Y_t = Y_F$ を代入すると、

インフレ供給曲線：$\pi_{t+1} = 5 + (Y_{t+1} - Y_F)$

インフレ需要曲線：$\pi_{t+1} = 8 - 2(Y_{t+1} - Y_F)$

となる。これら両式を GDP ギャップ$(Y_{t+1} - Y_F)$ について解くと、

$(Y_{t+1} - Y_F) = 1$

となる。

解　答　(1)

CBT EREミクロ・マクロ　経済学検定試験　対策問題集

2021年 8 月20日	第 1 刷発行	編　者	経済法令研究会
2022年 9 月30日	第 2 刷発行	発行者	髙橋春久
2023年 9 月15日	第 3 刷発行	発行所	㈱経済法令研究会
2024年10月18日	第 4 刷発行		

〒162-8421　東京都新宿区市谷本村町 3 -21
電話 代表03-3267-4811㈹
https://www.khk.co.jp/

営業所／東京03（3267）4812　大阪06（6261）2911　名古屋052（332）3511　福岡092（411）0805

印刷・製本／日本ハイコム㈱